文化財調査報告書　二〇二二年度

『加茂神社宮司谷川左近家文書』

# 土御門家陰陽道の歴史

〜名田庄・納田終の地にて〜

おおい町教育委員会

加茂神社

本殿

舞殿

文政２年５月　御神燈　亥年男願済まし　中野村　惣吉

文政 13 年２月　御神燈　上若者中

土御門墓所

楽師堂

大杉　芝走りの時は勧請綱が張られる

春祭　芝走り（中嶋望晶氏提供）

秋祭　本殿祭（中嶋望晶氏提供）

天王祭　広峰神社（中嶋望晶氏提供）

天王祭　広峰神社（中嶋望晶氏提供）

秋祭り　神楽

春祭　本殿祭（中嶋望晶氏提供）

宵祭　当屋（中嶋望晶氏提供）

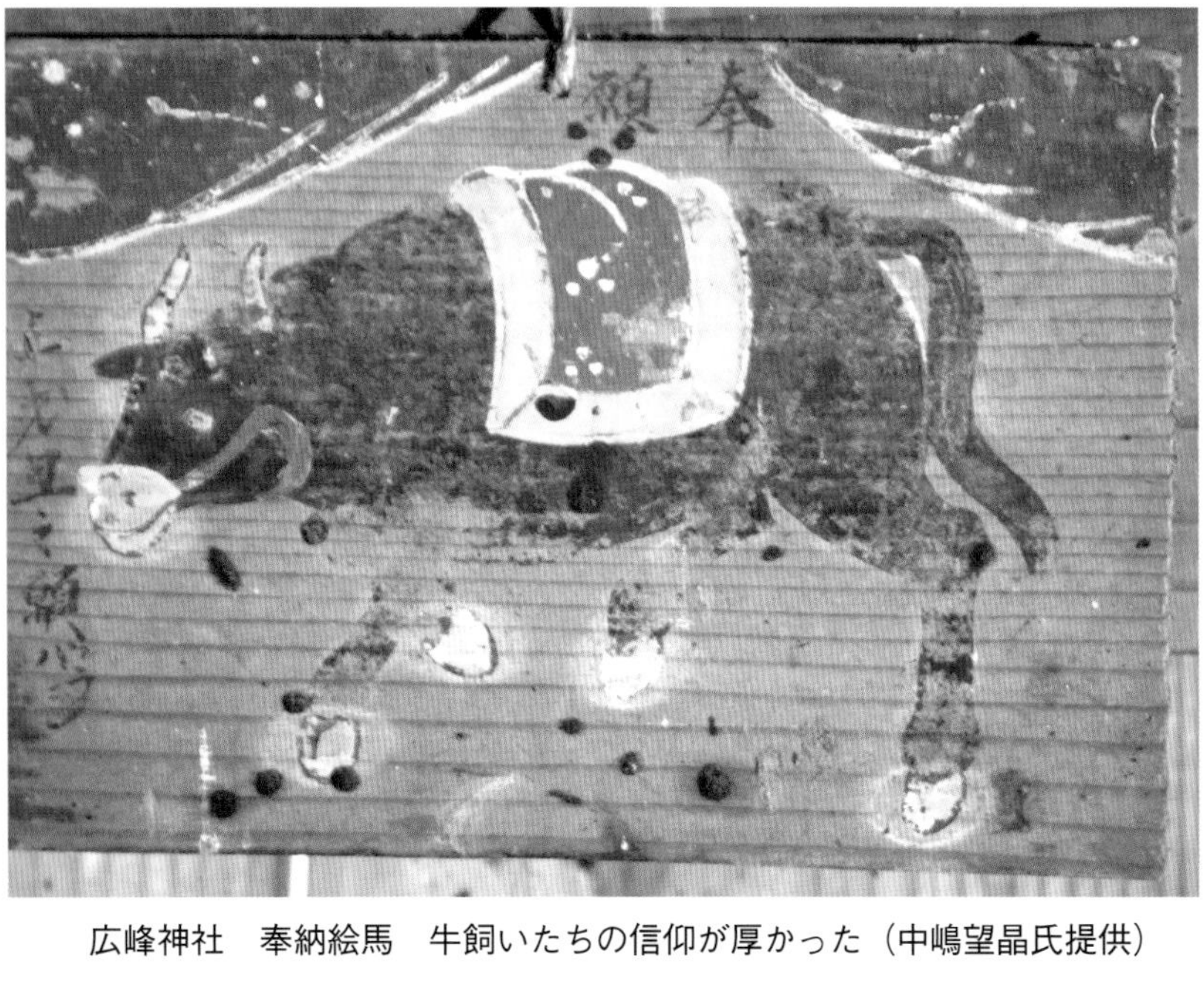

広峰神社　奉納絵馬　牛飼いたちの信仰が厚かった（中嶋望晶氏提供）

新嘗祭（須川建美氏提供）

# 序　文

おおい町は、美しい若狭湾、清らかな佐分利川と南川、緑なす山々に囲まれた山紫水明を感じられる地にあり、その豊かな自然の恵みや、越前・丹波・丹後・京都を始めとする周辺地域から様々な影響を受けつつ独自の文化が育まれ、深い歴史とともに多くの文化財や伝統行事が今日伝えられています。

名田庄地域は平安時代末頃に荘園として成立し、鎌倉時代には蓮華王院（京都市・妙法院三十三間堂）の荘園となるなど、都とのつながりが深い地域です。中でも納田終区は、平安時代の陰陽師として著名な安倍晴明の嫡流である土御門家の所領となり、応仁・文明の乱以降、都の戦火を避け、土御門有宣・有春・有脩が居留し、この地で暦道・天文道を司っていました。現在、納田終区周辺には陰陽道に関係する史跡や祭祀・慣習などの諸行事が残されておりますが、これらの文化は公家であった土御門家がもたらした京文化そのものであります。

おおい町では、平成四年（一九九二）、かつて土御門家が居留した名田庄納田終の地に展示施設として「暦会館」をオープンし、これまで多くの方に陰陽道や土御門家の足跡、暦などを紹介してまいりました。現在、この陰陽道や暦に関する歴史・諸資料・行事等について新たな調査事業を進めており、また、名田庄地域の観光資源の掘り起こし、文化財等を活用した誘客についても検討を行っているところです。折しも福井県嶺南地方では北陸新幹線の敦賀駅延伸、舞鶴若狭自動車道の四車線化など交通網の充実が進められており、観光客の増加が期待されています。暦会館は、名田庄地域において文化財等を活用した観光誘客の中核施設として期待されるところであり、今後はその運営や施設の充実を図ってまいりたいと考えております。

結びに、本調査事業を進めるにあたり、ご尽力賜りました若狭路文化研究所および京都女子大学の皆様に深く感謝申し上げるとともに、ご協力を賜りました谷川左近家の皆様に厚く御礼申し上げます。

令和五年三月

おおい町長　中塚　寛

# 調査事業にあたって

文化財は、長い歴史の中で生まれ、育まれ、今日の世代に守り伝えられてきた貴重な財産です。これは、おおい町の歴史・文化等の正しい理解のために欠くことのできないものであると同時に、将来の文化の向上発展の基礎をなすものです。

名田庄地域は平安時代末頃に荘園として成立し、鎌倉時代の正嘉二年（一二五八）には蓮華王院（京都市・妙法院三十三間堂）の荘園となり、南北朝時代以降、大徳寺の塔頭・徳禅寺（京都市）・泉涌寺（京都市）・醍醐寺三宝院（京都市）の荘園となるなど、都とのつながりが深い地域です。名田庄納田終区は、南北朝期以降、土御門家の所領となり、応仁・文明の乱により土御門有宣・有春・有脩の三代が戦火を避け居留した地です。土御門家の居留によって地域の民俗・宗教文化に与えた影響は大きく、現在でも三代を祀る墓所を始め、泰山府君社跡などの史跡や陰陽道に関する社寺が所在し、それらに関連する行事等も多彩です。また、昭和二十一年（一九四六）には陰陽道を継承する「天社宮天社土御門神道本庁」が当地に創始されました。

おおい町では、この陰陽道や暦に関する歴史・諸資料・行事等を記録保存するための調査事業を進めており、令和四年度は「谷川左近家文書」について調査を行いました。本書はその調査成果をまとめたものです。

本書がおおい町の文化財や名田庄納田終区の歴史・文化について学ぶ一資料として多くの方々に活用され、文化財保護の意義と郷土の歴史・文化に対する理解をより一層深めていただくとともに、その発展に寄与する一助となれば幸いです。

おわりに、調査にご尽力いただきました若狭路文化研究所および京都女子大学の皆様、資料をご提供いただきました谷川左近家の皆様、本書の発行にご協力いただきました関係者の皆様に厚く御礼申し上げます。

令和五年三月

おおい町教育委員会　教育長　菅原　泰一

# 緒言

名田庄納田終加茂神社は中名田の矢坡前加茂明神社と同体の神と伝えられる。現在、加茂神社には、善積河上神社、貴船神社、天社泰山府君が祭られている。『わかさ　名田庄村誌』によれば、養老二年（七一八）に勧請されたと伝えられているが、神主家である谷川家に伝わる系譜によれば、谷川家初代谷川左衛門平貞が、貞和五年（一三四九）に神社を建立し、五代目清六の時の宝徳二年（一四五〇）御霊川上神社を建立し、上之宮と称したという。御霊川上神社は晴明御霊社とも称されて陰陽道安倍晴明関係の神社とされていたらしい、とある。川上神社は善積河上明神とも称されている。天社泰山府君社は、元来、永正年中（一五〇四～一五二一）に土御門（安倍）有宣が屋敷地の一角に建てた社であった。慶長年中に土御門（安倍）泰重の帰洛とともに谷川家が奉祀することになったことが、嘉永七年（一八五四）の谷川左近から小浜藩役人への願状（資料番号57）によってわかる。

いつ名田庄が安倍家の所領になったかについては、南北朝時代とする考え方が従来からされている。応仁の乱以降の戦国時代になると、京都から安倍家の本宗家の人たちが、ほとんど住むようになったことにより、陰陽道の祭祀が加茂神社祭祀に今日も影響を持っていると考えられている。加茂神社と陰陽道の関係については、本書の解題において、京都女子大学文学部史学科梅田千尋教授によって少し詳しく示していただいた。中世における名田庄と陰陽道との関係、近世においての展開についてもわかりやすく書いていただいた。

本書には、加茂神社宮司谷川左近家文書の目録を付した。今回の目録作成にあたり、福井県文書館の目録を参考にしながら、新たに出てきた史料を加えて編年を重視して目録を作り直した。文書目録の中から選んだ文書を、陰陽道土御門関係文書撰と、制札や棟札を含む加茂神社・納田終村等文書撰に区分して編集した。それぞれの文書は、ページ上段に文書画像を入れて、下段に文書の翻刻文と内容の説明を載せた。文書の翻刻文は、なるべく原文のままとした。文書等の調査に当たっては、谷川康信前館長をはじめ、暦会館スタッフの御協力をいただいたことに感謝申し上げる。

おおい町では、暦会館のリニューアルや天社宮史料に関する文書調査をはじめ、陰陽道を軸とした名田庄の歴史文化の継承と地域の活性化を計画している。本書は、こうした地域文化の継承と発展に資するものとして、その事業の基礎を構築するために企画された。名田庄という山村の歴史と文化を多くの方々により深く知っていただき、歴史を介した交流を通じて地域の活性化に寄与することが期待される。また、次世代の名田庄地域を支える人材の育成に資することができると確信している。それには、地域の方々が、本書の内容についてより理解が進むように、本書をテキストにした学習など、もう一歩先の手立てが必要であることは言うまでもないと思う。加茂神社宮司谷川左近家文書は、若狭路文化研究所が、すべてを高精細デジタル画像化した。デジタル化によって、今後の利活用が進むことを期待したい。

令和五年三月

編集人　多仁　照廣
（若狭路文化研究所　所長）

# 目次

# 陰陽道土御門遺跡関係文書撰

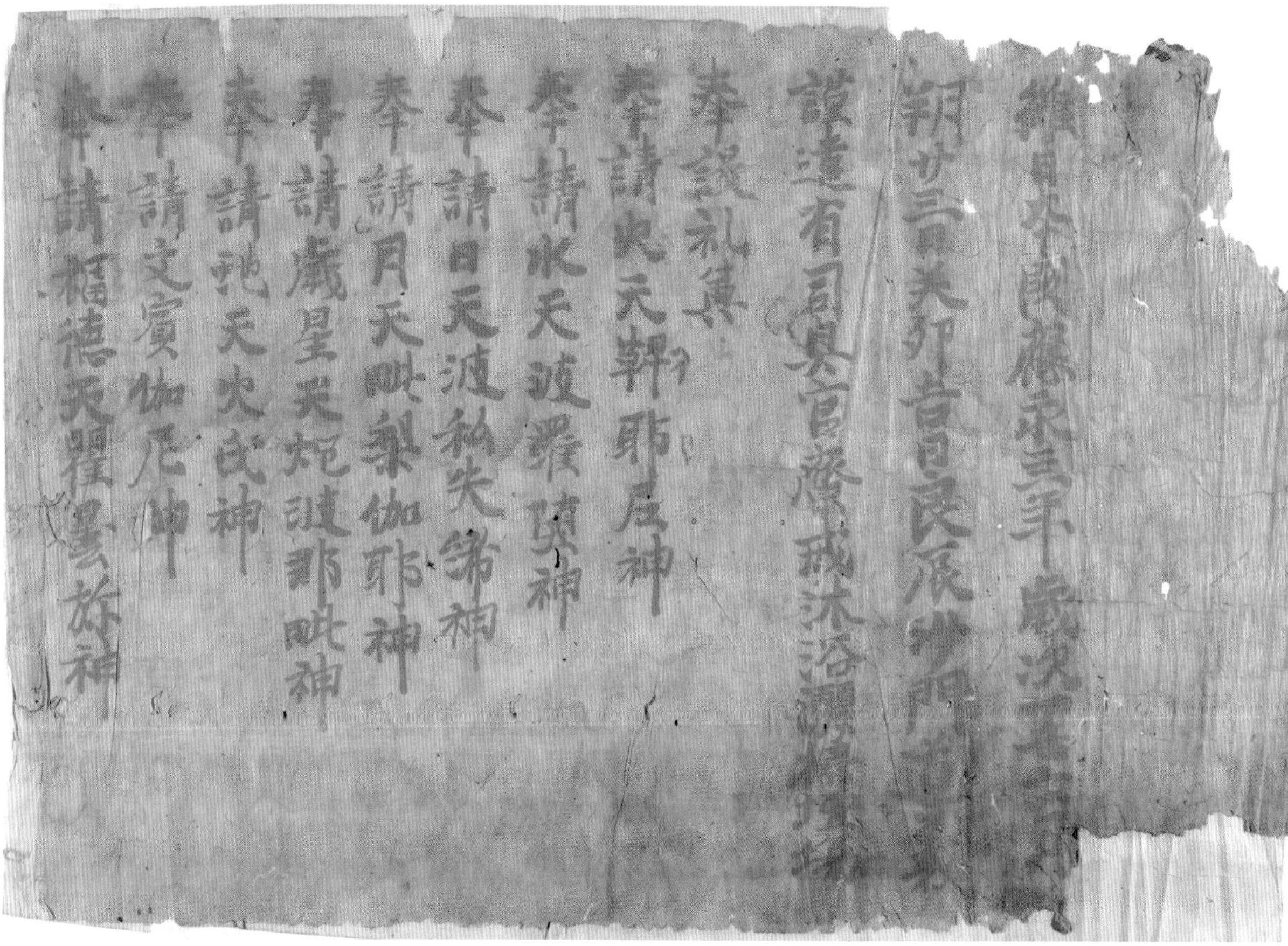

# 一　応永四年（一三九七）六月二十三日　沙門道義都状　（資料番号３）

維日本国應永三（四）歳次丁丑六月
朔廿三日关（癸）卯吉日良辰沙門道義
謹遣有司具官齋戒沐浴灑掃壇場
奉設礼奠
奉請火天鞞《ヘイ》耶尼神
奉請水天波羅堕神
奉請日天波私失絺神
奉請月天毗梨伽耶神
奉請歳星天炮波那毗神
奉請虵天火氏神
奉請文賓伽尼神
奉請福徳天瞿曇竾神

＊陰陽道の神々に捧げ物を備え、祭文を詠み上げて願意を伝えるのが、陰陽道祭である。谷川家文書には、戦国期以前の陰陽道祭祭文六点が伝来する。そのうち五点は陰陽道祭文に特徴的な黄紙に朱筆で作成されており、本史料もその一点である。史料では、年月日に続いて願主「沙門道義」の名前を記し、祭宮は斎戒沐浴して祭場を清め、その場で祀る神々の名を唱える。

本史料は後半部を欠くが、「沙門道義都状」つまり出家後の足利義満を願主とし、注目される。祭神として列挙される「火天鞞耶尼神／水天波羅堕神」といった十六羅漢の漢名を思わせる名称は仏教的で、道教系祭神を基調とする一般的な陰陽道祭神とは一線を画す希少なものであるが、明徳四年六月八日「足利義満三万六千神祭都状」（京都府立京都学・歴彩館蔵若杉家文書８０）冒頭部のそれとほぼ一致する。つまり、この祭文の内容自体は実際に足利義満が北山第で催行させた陰陽道祭の内容を正確に反映したものといえる。三万六千神祭という室町将軍が重用した祭祀の史料が名田庄に伝えられたことは、注目すべきであろう。

さらに古い年記を持つ明徳三年（一三九二）六月三日付の「伝足利義満泰山府君都状写」（文書番号２）は、無着色の料紙に墨書で、「右謹啓泰山府君冥道記」「征夷大将軍従一位源朝臣義満」といった書き込みが見られるが、祭文の体裁を備えず、「仁王百一第後小松院御宇吉野皇居」「歳十一」など辻褄が合わない文言が書き加えられており、偽文書とみられる。しかし、本史料に載る祭神とほぼ同じ祭神が記されており、この史料を元にが作成されたと考えられる。

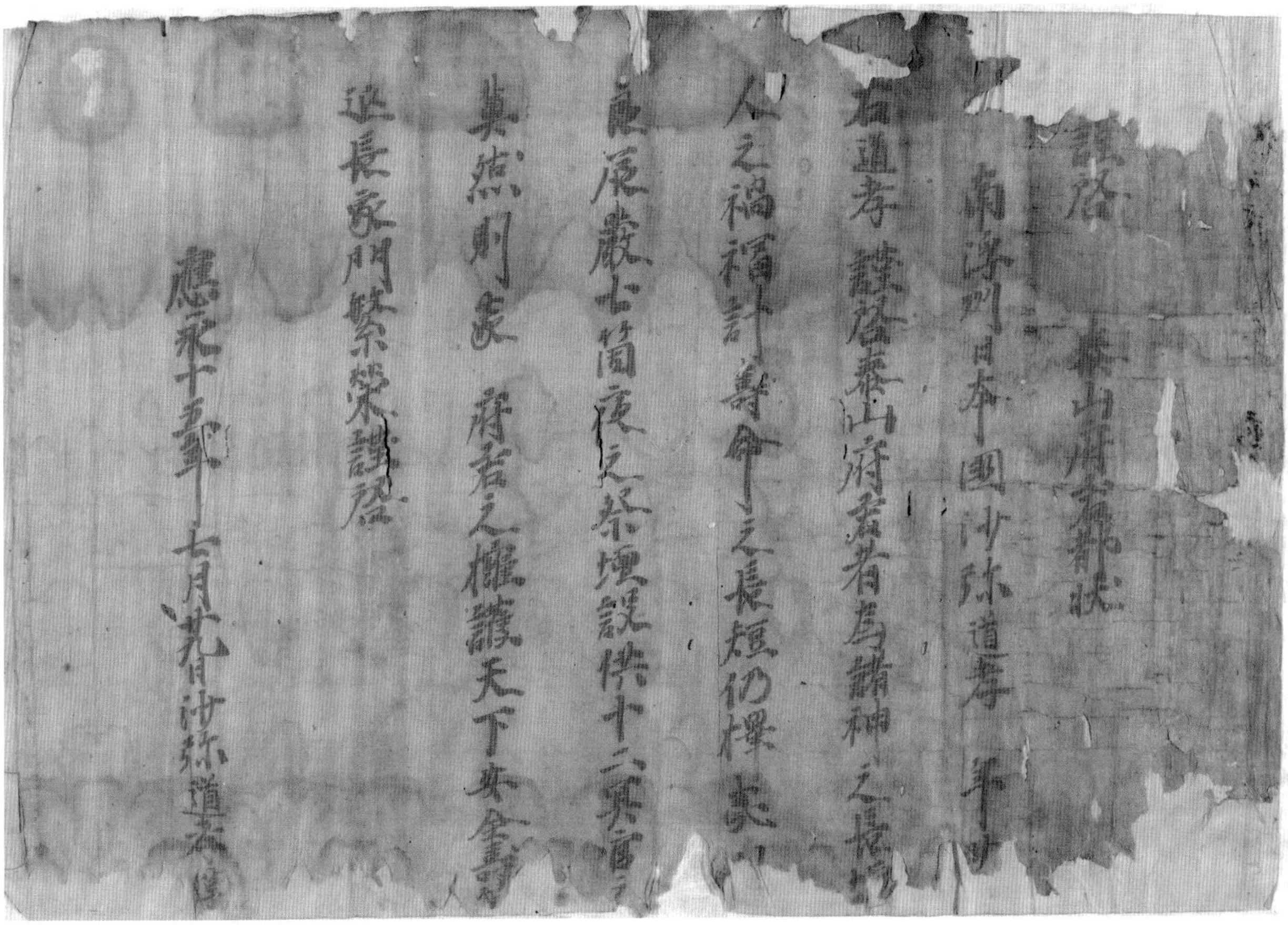

## 二　応永十五年（一四〇八）七月二十九日
## 沙弥道孝泰山府君祭都状

（資料番号4）

謹啓　泰山府君都状
南浮州日本国沙弥　道孝　年卌□
右道孝謹啓泰山府君者為諸神之長□
人之禍福計壽命之長短仍擇灵（霊）□
良辰嚴七箇夜之祭壇設供十二冥官之
冀然則蒙　府君之擁護天下安全壽□
延長家門繁榮謹啓
　　應永十五年七月廿九日　沙弥道孝□

＊泰山府君祭は、平安時代以来の代表的な陰陽道祭である。安倍晴明が朝廷社会に定着させ、代々安倍氏の陰陽道を象徴する祭祀として継承された。この史料では、「諸神の長」であり人の禍福や寿命を司る泰山府君に、七夜の祈祷を行うことで、天下の安全や寿命の延長と家門の繁栄を祈っている。陰陽道祭といえば、なぜか呪いのようなネガティブな魔術を連想することが多いようだが、実際には日常的な健康や幸福、繁栄を祈る祈祷が圧倒的に多い。

陰陽道祭では一般に「祭文」が作成されるが、泰山府君祭における祭祀文書は「都状」とよばれる。黄紙に朱文字の特徴的な形態は、天上の神に願意を届けるという意図が有ったと推測される。また、本来は「道孝」という願主の名前部分は本人が自筆で署名することになっているが、本史料では別筆を確認できない。

谷川家文書中、斯波義教（一三七一－一四一八）を願主とする都状は二点ある。斯波義教は、室町幕府の管領を務めた人物で初名を義重、のち出家して道孝と名乗った。無年号の都状（資料番号一五）には「年廿八」とあり、応永五年（一三九八）の史料か。応永三年（一三九六）から五年の間に父の越前守護職を継いだとされ、本都状は越前守護就任の頃作成されたと考えられる。その後尾張・遠江守護を兼ね、十二年七月管領に就任した。

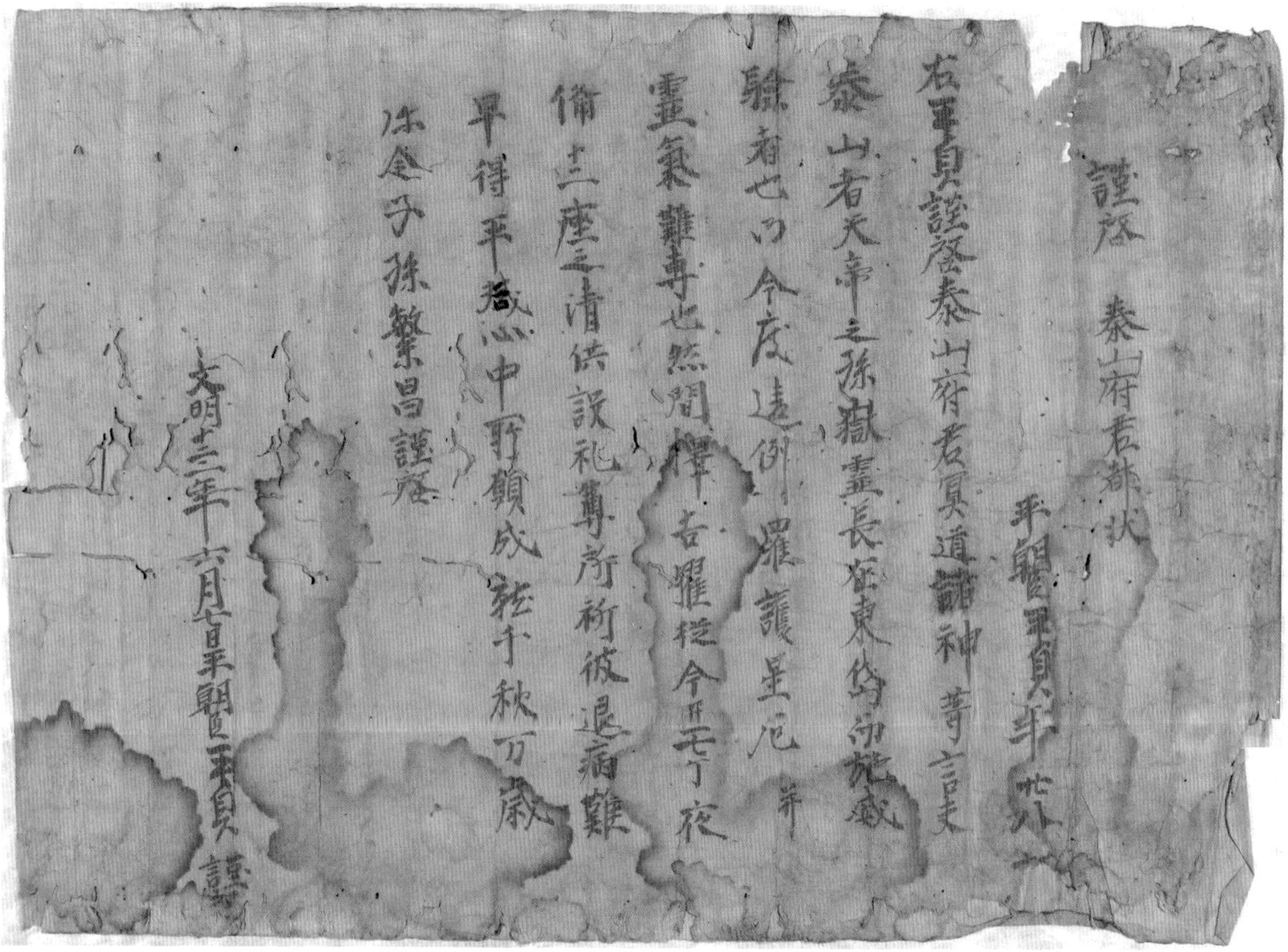

## 三　文明十四年（一四八二）六月七日　平平貞都状　（資料番号6）

謹啓　泰山府君都状

平朝臣平貞　年廿八□

右平貞謹啓泰山府君冥道諸神等言夫
泰山者天帝之孫嶽霊長在東岱而施威
験者也仍今度逶例羅護星厄并
霊氣難専也然間擇吉曜従今日一七ケ夜
備十二座之清供設礼尊所祈彼退病難
早得平減心中所願成就千秋万歳
弥念子孫繁昌謹啓

文明十三（四）年六月七日平朝臣平貞　謹啓

＊泰山府君祭は、天変や怪異・病気祈祷・出産・攘災祭祀と様々な目的で行われたが、本来は、冥界を司る神である泰山府君に延命を祈願するという趣旨であった。本史料のように「違例」つまり病に苦しむ願主が延命長寿を祈るという状況は、もっとも本意に叶うものである。そもそも名田庄上村は、「長日泰山府君料所」として土御門家に付された所領であった。

本史料の願主である平貞という名前からは、谷川家初代左衛門平貞が想起される。しかし、貞和年間（一三四五―一三五〇）に加茂神社を建立したとされる左衛門平貞とは時代が異なり、別人と思われる。祭祀は土御門有宣が行ったと思われ、名田庄で行われた可能性も有る。文亀元年（一五〇二）閏六月二十日「橘某都状」（文書番号7）も願主不明であるが、五十七歳という年齢で太一定分重厄（いわゆる厄年）の祈祷として泰山府君祭を催すという趣旨が明らかな点、祭祀の需要の実態を示す事例と言えよう。

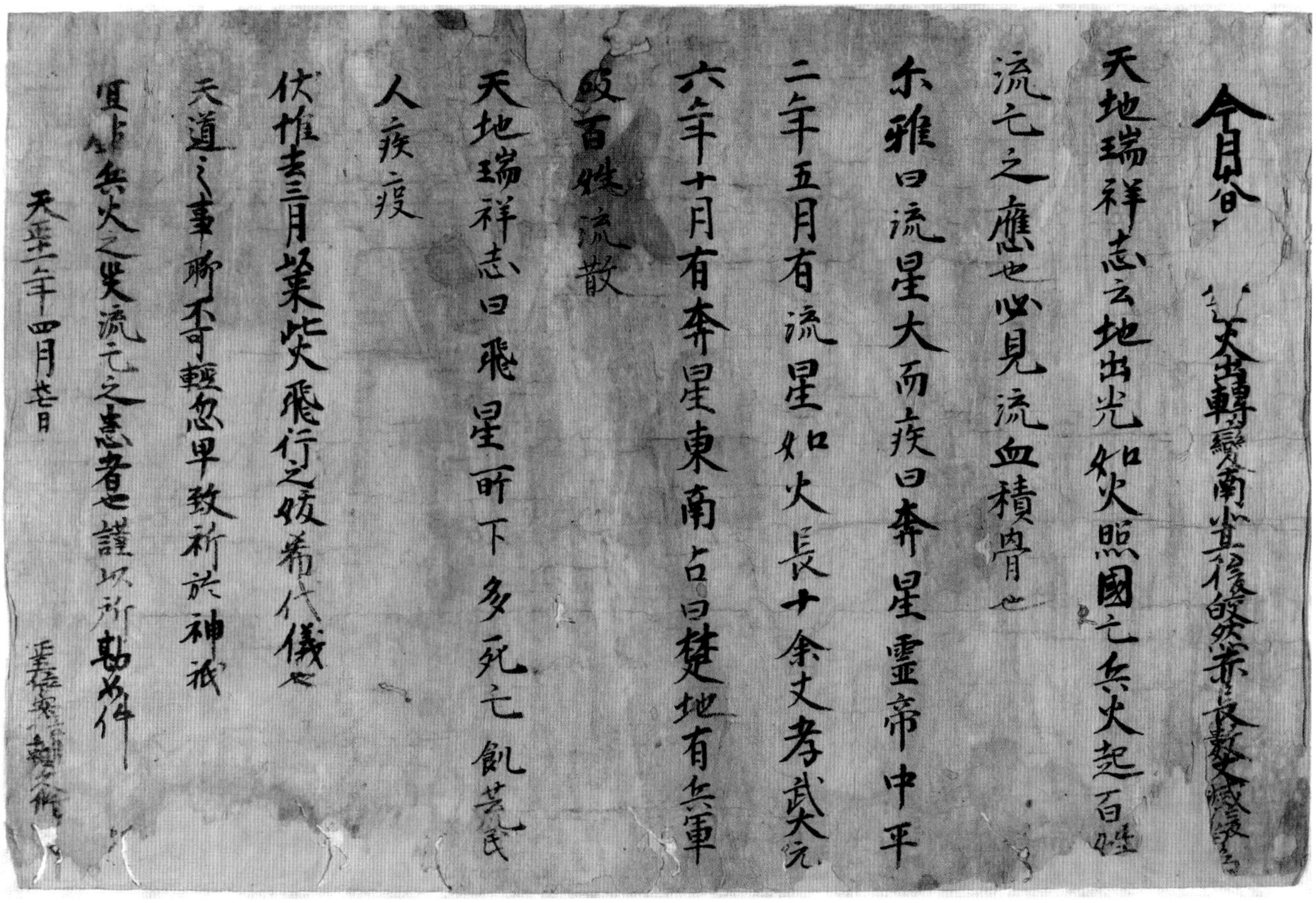

## 四　天正十一年（一五八三）四月二十七日　天変勘文案（資料番号１３）

今日十八日［　］火出轉變南北其後皎然赤長數丈滅後［　］
天地瑞祥志云地出光如火照國亡兵火起百姓□
流亡之應也必見流血積骨也
尒雅曰流星大而疾曰奔星霊帝中平
二年五月有流星如火長十余丈孝武大元
六年十月有奔星東南占曰楚地有兵軍
破百姓流散
天地瑞祥志曰飛星所下多死亡飢荒民
人疾疫
伏惟去三月以来此火飛行之妭希代儀也
天道之事聊不可輕忽早致祈於神祇
宜□(鎮)兵火之災流亡之患者也謹以所勘如件
天正十一年四月廿七日　　正五位下安倍朝臣久脩

＊天文占も朝廷における土御門家の専管事項であった。天正十一年（一五八三）四月一八日の天変を占ったこの史料では、「地から火の様な光が現れ」南北を転変し、浩然と赤く輝いて数丈にもたなびき後に白く変色したという。文中に言う「奔星」「飛星」は、天体現象としては、火球若しくは彗星を指すと思われる。吉凶の先例として参照される『天地瑞祥志』は、唐もしくは新羅で編纂された天文占の書物だが、中国・朝鮮半島に残存例は無く、日本でのみ伝わり、最古の写本は前田家尊経閣文庫に残る。現在は全二十巻のうち九巻が欠巻である。平安期以来しばしば用いられたが、本史料で引用されている箇所は逸文である。この史料の日時に該当する彗星は他に記録が無く、天文学史的見地からも検討の余地があろう。
　天変に依って予言するまでもなく、この頃戦火は広がっていた。前年六月の本能寺の変以来北国筋の情勢は不穏であり、この年の四月二十四日には柴田勝家が越前国北ノ庄城で自害、翌日には秀吉は加賀に進み前田利家・佐々成政を服属させ北陸平定を完成した。この勘文の提出先は不明だが、天変を受けて吉凶を予言し、凶事を回避すべく祈祷を行い天下泰平を維持するという、天文系陰陽師としての安倍家本来の職掌に基づく史料である。

## 五　寛永二年（一六二五）七月二十五日　土御門泰重漢詩

（資料番号１７）

縦身雖止洛陽城
魂領故郷威命貞
仙窟松風禪定地
真如妙典捴溪聲
泰重

＊土御門久脩・泰重父子は、名田庄で暮らした最後の土御門家当主であった。久脩は寛永二年（一六二五）六月没。忌中の七月、父の三七日忌を済ませた泰重は、名田庄を訪れた。この下向一件については、泰重の自筆日記『泰重卿記』に詳しい。

泰重は、多くの村人たちに大宴会で歓迎され、幼少期以来の旧交を温めた。また、「先祖御墓所一段上方地筑石墻に仕なをさせ」と、村人たちの協力を得て土御門家墓所の修復も行った。この時、「地下中女男老若共頭傾有難之由候ておかミ、たつ拝、存之外あかめやう驚、召使候者共驚申候」と、墓所を慕う村人の姿に泰重は驚いている。

「身は縦え洛陽城に止むと雖ども　魂は故郷に領し威命貞し　仙窟松風禪定の地　真に妙典の如く溪聲を捴べる（体は京都に止まるといっても、魂は故郷に有って厳しく命をただす。仙窟松風の修行の地　真の経典のように渓流の音をすべる）と納田終の景観を謳い墓前に捧げられたこの詩も、『泰重卿記』に載る。

名田庄に遺された泰重直筆の詩は、その後も度々土御門家墓所の由緒を示す物証として掲げられた。安政二年（一八五五）八月、土御門家役人の三上在道が、「泰重卿詩」の表装を完了し谷川左近に返送することを伝えている（資料番号６９）。おそらく、名田庄を訪れた三上在道が、帰洛の際にこの詩を京都に持ち帰ったのであろう。その後安政五年二月には、土御門家家司若杉保申がこの書を鑑定し、「左岡之御書　縦身之御詩等　泰重卿御直筆ニ仕候条永々猶以大切所持可有之もの也」と一筆を認めた（資料番号７６）。土御門家旧跡を守る名田庄谷川家の由緒を示す一巻は、土御門家でも先祖の事績を伝える家宝として認識された。

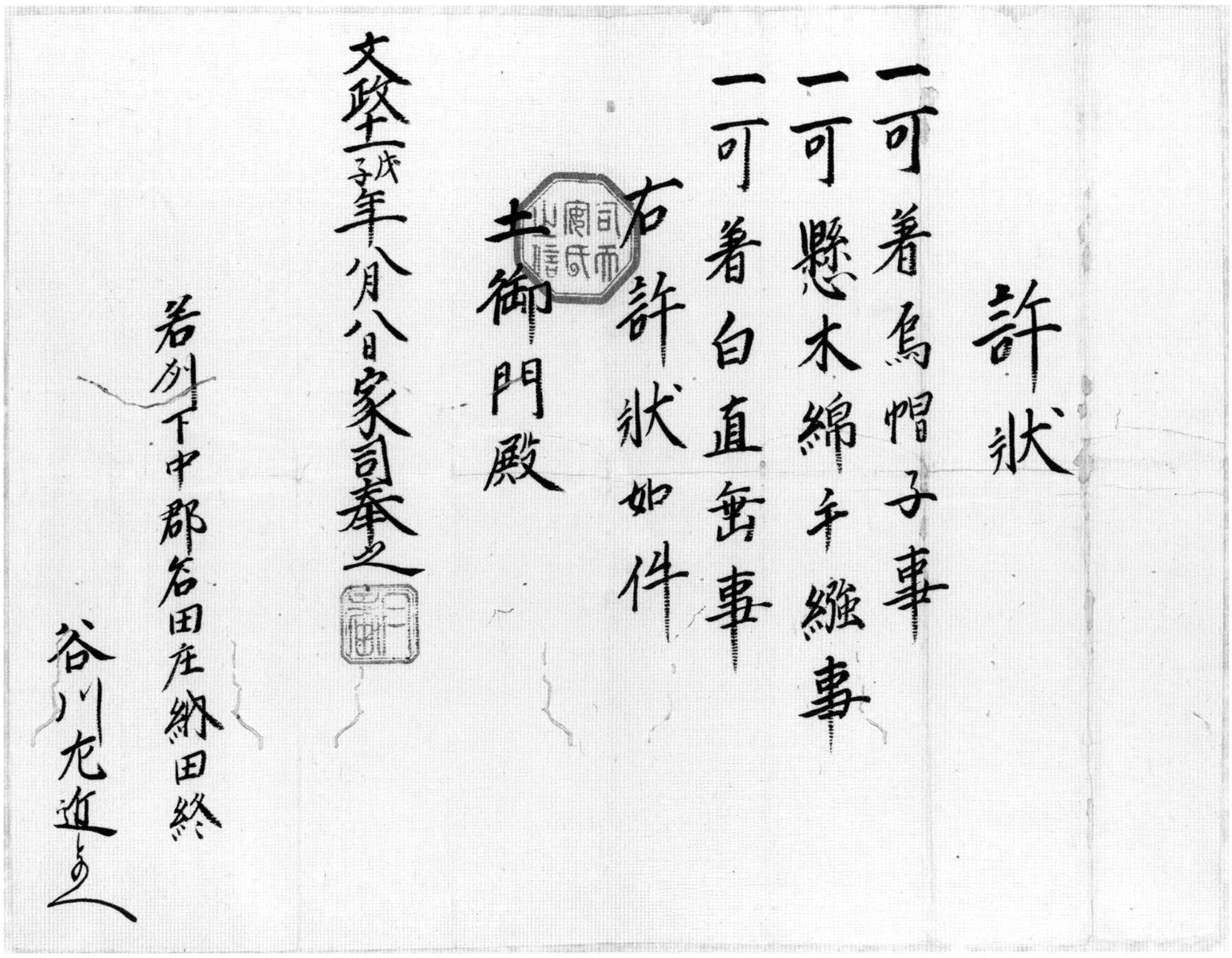

# 六　文政十一年（一八二八）二月　許状

（写真番号79）

許状
一可着烏帽子事
一可懸木綿手繦事
一可着白直垂事
右許状如件
土御門殿
文政十一戊子年八月八日　家司奉之㊞
若州下中郡名田庄納田終
谷川左近とのへ

＊江戸時代、土御門家が陰陽師に発行した「許状」（営業免許）の一種である。

この許状によって、烏帽子・木綿手繦（ゆうたすき）・白直垂という姿での祈祷・易占などを行うことが出来た。神職装束を許可するこの史料によって、加茂神社祠官としての谷川左近の地位を保証する役割も果たした。

この史料と同じく文政十一年八月八日に土御門家から受け取った文書は他に2点ある。「安家入門許状」（資料番号35）の文面には「当道依尊信安家入門之事被免許畢依執達如件」と記され、「当道」つまり陰陽道を奉じる者として「安家」土御門家に「入門」することを認められている。そしてその伝授内容の一部を祭式という形で示したものが「安家神拝式」（文書番号36）である。さらに年記を欠く八月八日付「口達（御当家格別の由緒ニ付帯刀の事）」（文書番号33）も、同時に付与された可能性がある。土御門家との「格別の由緒」により谷川左近に帯刀を許すが、領国においては藩主の許可が必要であるので、個別に藩主と交渉するよう指示するものである。この許状を受けて、九月には小浜藩からも神職・官位・易道について認可された。勿論許状の獲得には相応の貢納金を毎年納める必要があった。

江戸時代、僧侶・神職などの宗教者は、それぞれの組織に属し、呼称や装束・職分を定められていた。僧侶は仏教諸宗派に属し、神職は、主に公家で吉田神社神職であった吉田家を本所とした。修験者の場合は、醍醐寺三宝院や聖護院を頂点とする組織に属した。これは本山・本所による認証を通じて宗教者の人別や職分を管理した江戸幕府の政策によるものである。土御門家は、天和三年（一六八三）陰陽道支配権を確立し、諸国の陰陽師を配下とした。

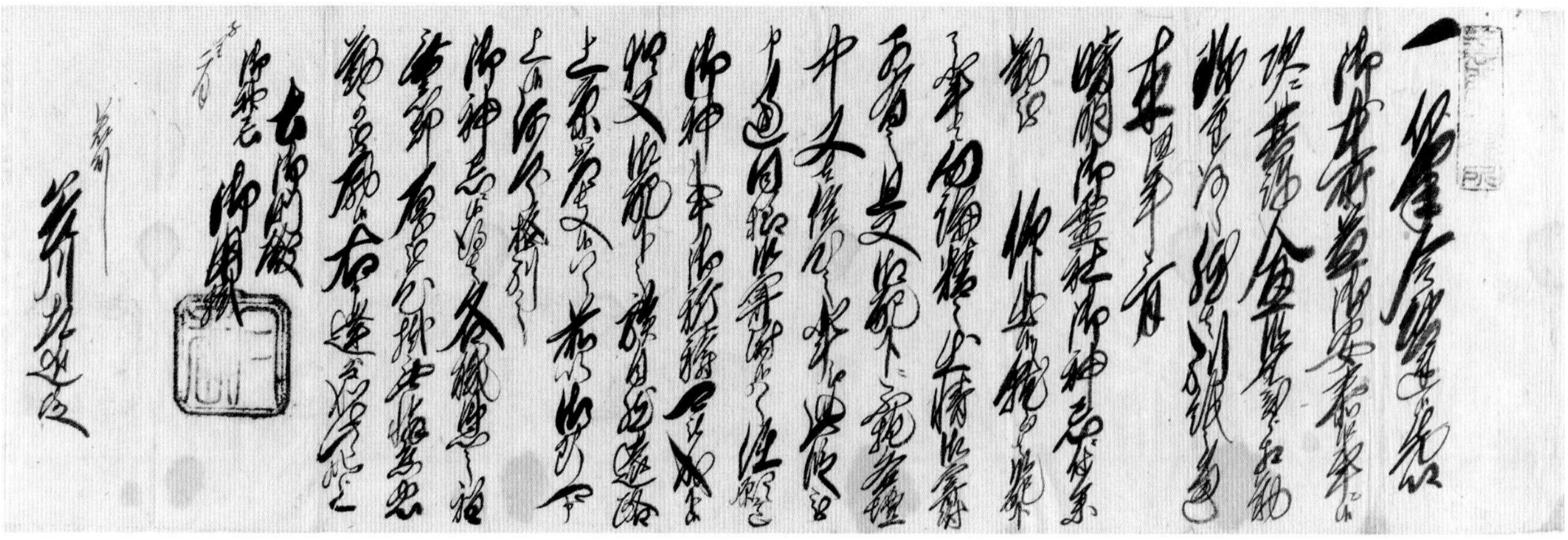

## 七　嘉永五年（一八五二）閏二月

## 晴明霊社八百五十年忌につき書状　（資料番号51）

一筆令啓達候先以
御本所益御安泰候事ニ候
次ニ其所許愈以無変被相勤
珍重存候然者別紙之通
來丑年三月
晴明御霊社御神忌ニ付参
勤被　仰出候就而者御配下
之輩者勿論精々出情御寄附
可有之且又御配下ニ不抱各壇
中又者信心之輩江此段被
申通同様御寄附候ハヽ任願意
御神事御祈禱可被成下候
猶又御配下之族自然遠路
上京差支候ハヽ前以御断可申
上候何分格別之
御神忌ニ候得者各職恩之程
無忘却厚被心掛無懈怠忠
勤可被励候右申達間如此候以上
　土御門殿
　御神忌　御用掛印
子閏二月
　若州
　谷川左近殿

＊安倍晴明没年から数えて七百五十年、八百年、八五十年にあたる年には土御門家と関連遺跡で「晴明霊社祭」が催行された。〔晴明御霊社八百五十回御神忌ニ付下知状〕（資料番号54）も祭礼への参仕を促すものである。土御門家から許状を得、配下陰陽師となった谷川左近にも再三の動員がかかっていた。嘉永六年三月八日〜二十八日迄の二十一日間京都梅小路の土御門家で行われた祭典には谷川左近も参加した（資料番号74）。ここで土御門家役人と知己を得たことが、名田庄の泰山府君社再興・土御門家墓所整備に繋がったと思われる。

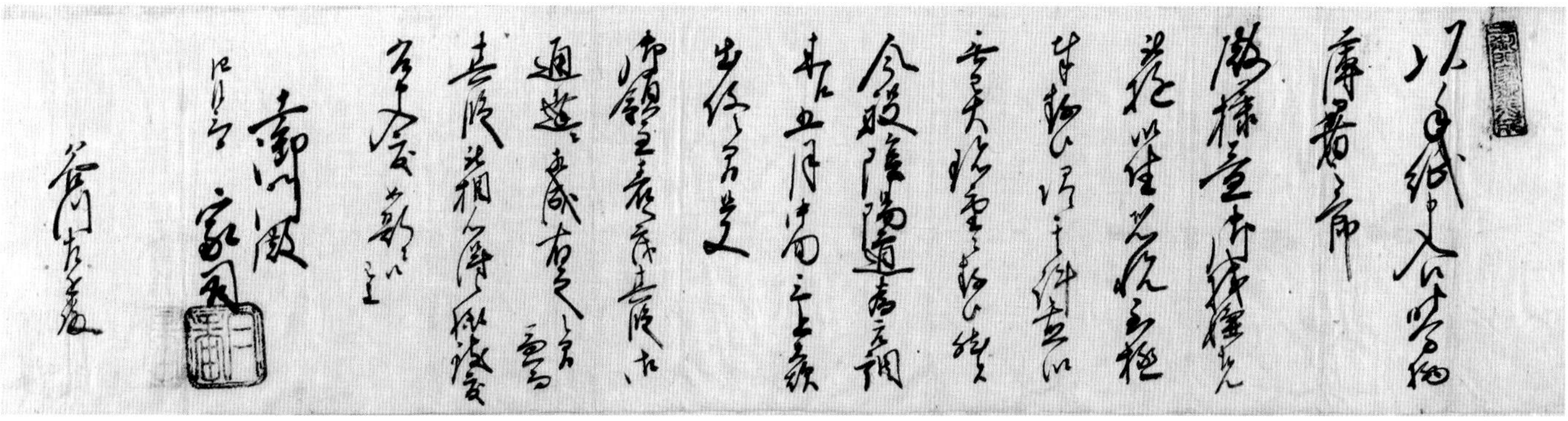

## 八　嘉永六年（一八五三）四月三日
## 陰陽道調査の為三上大炊出役につき書状　（資料番号６１）

以手紙申入候時分柄
薄暑之節
殿様益御機嫌克
被游御座恐悦至極
奉存候次ニ其許愈以
無異珍重ニ存候然者
今般陰陽道為取調
來ル五月中旬三上大炊
出役候間且又
御領主表へ茂其段御
通達ニ相成有之候間
　　　兼而
其段被相心得候様致度
右申入度如斯ニ候　已上
　　土御門家殿
四月三日　家司印
谷川左近殿

＊嘉永六年三月、京都での晴明霊社八百五十年忌に参列した谷川左近は、家司を介して土御門晴雄に名田庄旧跡のことを説明する機会を得た。翌四月には、早速土御門家から三上大炊が派遣され、古跡・天社宮・御墓所等を検分することになった。この史料は、三上の来村予定を知らせる土御門家からの知らせで、彼らの来訪を予め小浜藩に届け出ておくよう指示している。三上の来村時には、村役人十四人同席して「賑々しき」酒宴を行ったという。
　この時、土御門家から泰山府君神前に、白銀一枚他七品が下賜された。また、金五十疋と扇子二本（御墓所　玉泉坊と御位牌所　禅定寺）、「晴明御霊社御守」など谷川新左衛門・下村西氏市右衛門に配布された。（本書史料十一）

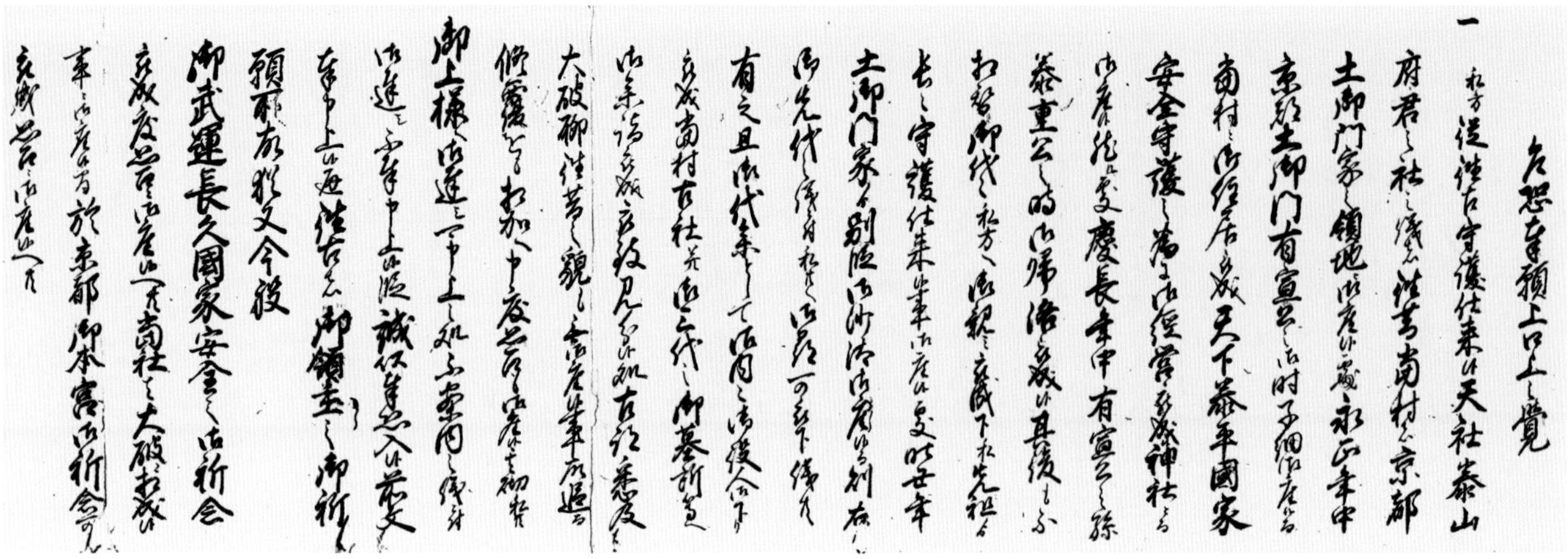

## 九　嘉永七年（一八五四）正月
## 乍恐奉願上口上之覺（泰山府君社再建につき）

（資料番号57）

乍恐奉願上口上之覺

一私方従往古守護仕来候天社泰山
府君之社之儀者往昔当村者京都
土御門家之領地ニ御座候處永正年中
京都土御門有宣公之御時子細御座候而
当村ニ御住居被成天下泰平國家
安全守護之為に御經営被成神社ニ而
御座候然ル處慶長年中有宣公之孫
泰重公之時御帰洛被成候其後も不
相替御代々私方へ御親ミ被成下私先祖ゟ
長々守護仕来候事御座候處昨丑年
土御門家ゟ別段御沙汰御座候而則右
御先代之儀ニ付私共へ御尋可被下儀共
有之且御代参として御内々御役人御下リ
被成当村古社并御三代之御墓所等へ
御参詣被成被致見分候処古跡悉及
大破聊往昔之貌も無御座候事故追而
修覆をも相加へ申度思召も御座候其砌私共
御上様へ御達シ可申上之処不案内之儀ニ付
御達シ不奉申上候段誠以奉恐入候前文
奉申上候通往古者御領主之御祈
願所故猶又今般
御武運長久國家安全之御祈念
被成度思召ニ御座候へ共当社者大破ニ相成候
事ニ御座候間於京都御本宮御祈念可
被成思召ニ御座候へ共

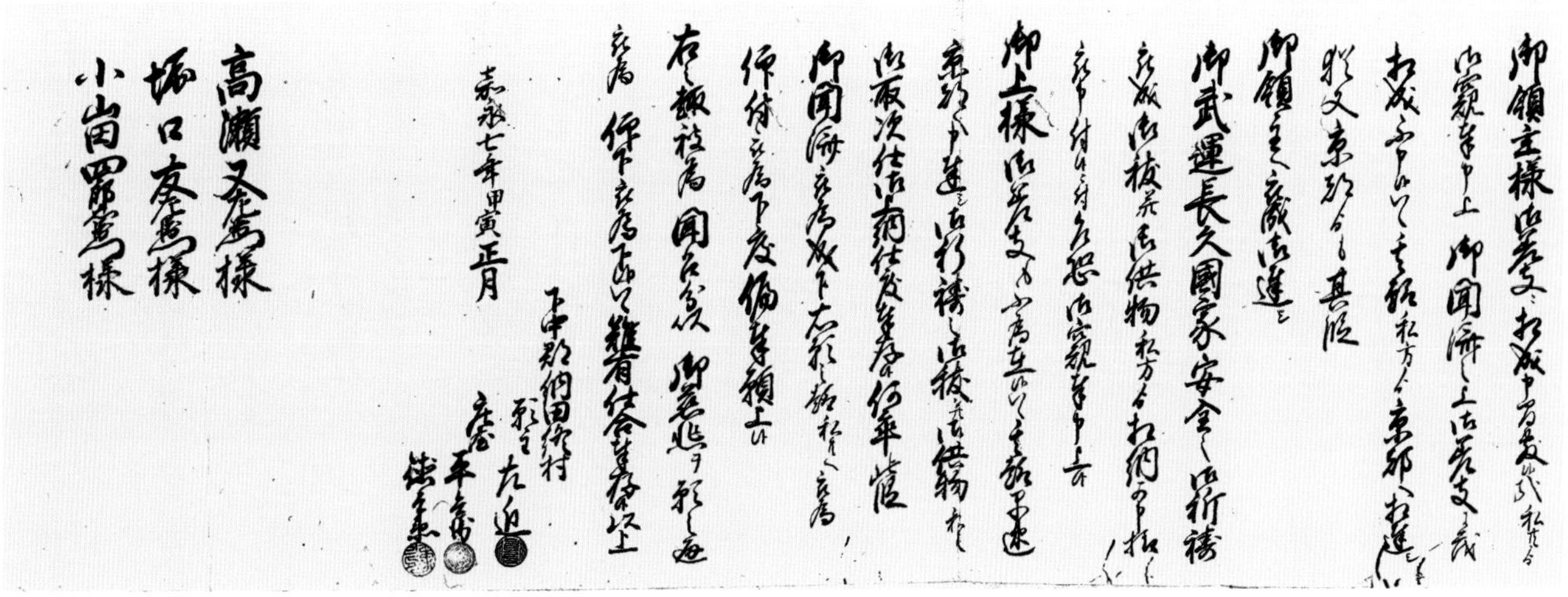

御領主様御差支ニ相成申間敷候哉私共ゟ
御窺奉申上　御聞済之上御差支ニ茂
相成不申候ハヽ、其趣私方ゟ京都へ相達シ
猶又京都ゟも其段
御領主へ被成御達シ
御武運長久國家安全之御祈祷
被成御祓并御供物私方ゟ相納可申様
被申付候ニ付乍恐御窺奉申上候
御上様御差支も不為在候ハヽ、其趣早速
京都へ申達シ御祈祷之御祓并御供物私共
御取次仕御上納仕度奉存候何卒此段
御聞済被為成下右願之趣私共へ被為
仰付被為下度偏奉願上候
右之趣被為聞召分以　御慈悲ヲ願之通
被為　仰下被為下候ハヽ、難有仕合奉存候以上
嘉永七年甲寅正月
下中郡納田終村　願主　左近㊞
庄屋　平兵衛㊞
徳兵衛㊞

高瀬又左衛門様
堀口友左衛門様
小山田四郎右衛門様

＊泰山府君社再興に際しては、名田庄の領主・小浜藩の了解を得る必要もあった。この史料では、土御門有宣以来の経緯を説明し、泰山府君社と墓地の修復について許可を求めている。永正年中の有宣の在村、泰重との交流から、土御門家司の代参まで、詳細な説明である。ここでは、小浜藩に対する武運長久・国家安全の祈祷を行うことや、藩主に土御門家の祓札を取り次ぐことを申し出ている。

江戸時代の大名が旧荘園領主との関係をどのように認識したのかを考える興味深い素材でもある。また、京都の公家と関わりを持つ領民の存在は、藩にとっても無視できないものだったといえるだろう。

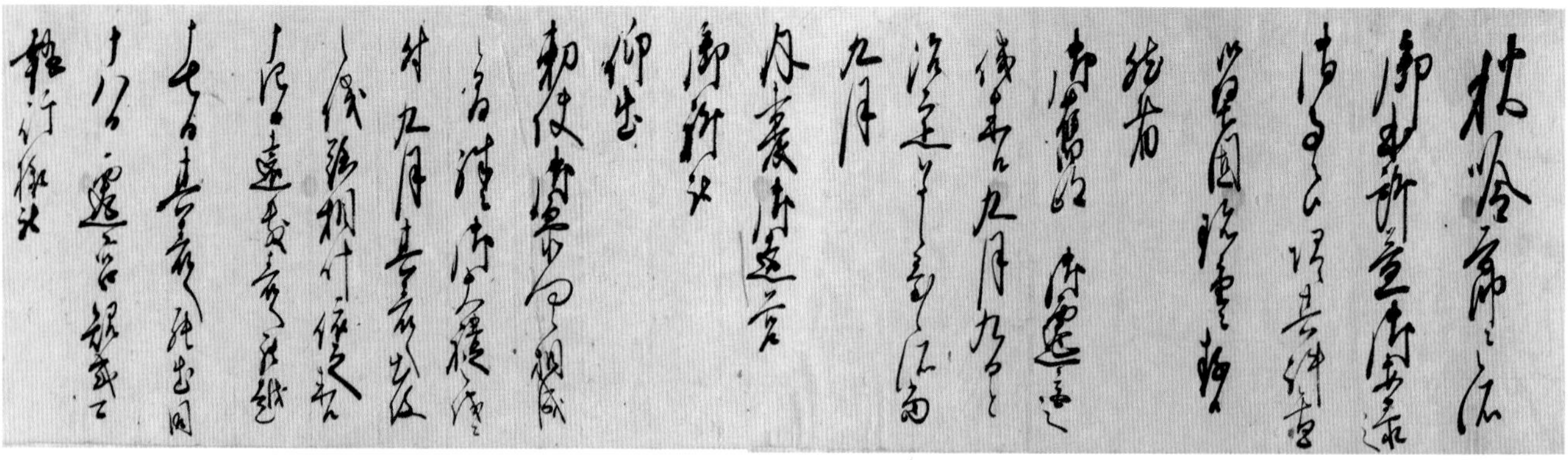

# 十　安政二年（一八五五）八月九日
## 遷宮儀式執行につき書状

（資料番号６４）

秋冷節ニ候所
御本所益御安泰之
御事ニ候次ニ其許愈
御堅固珍重存候
然者
御舊跡　御遷宮之
儀来ル九月九日と
治定いたし置候所当
九月
内裏御造営
御祈被
仰出
勅使御参向ニ相成
候間殊ニ御大禮之儀ニ
付九月其表へ出役
之儀難相叶依之来ル
十四日遠敷表へ罷越
十七日其表へ罷出同
十八日遷宮規式可
執行様被

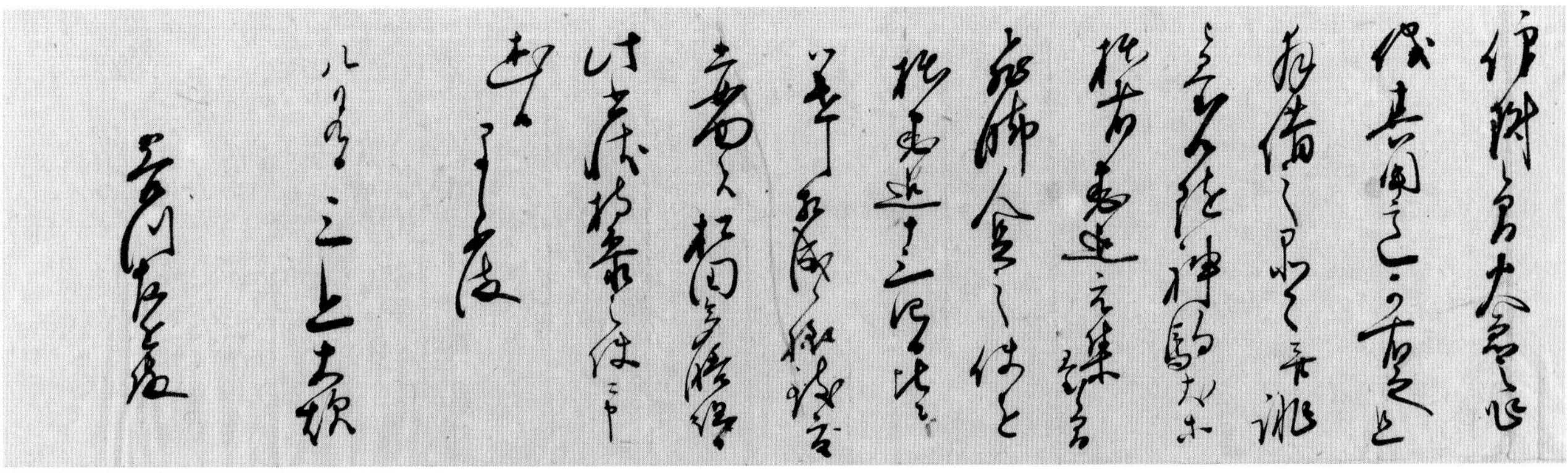

仰附候間火急之乍
儀其用意可有之且
拝借之品々并誂
被置候随神（身）駒犬等
拙者宅迠取集置候間
飛脚人足之使を
拙宅迠十三四日比ニも
御遣し相成候様致度
委曲者松田多膳組ゟ
此書状持参之使ニ申
述候早々不備
八月九日　三上大炊
谷川左近殿

＊名田庄泰山府君社の再興遷宮は一旦安政二年九月九日に定まっていたが、御所造営のための祈祷という重要行事と日程が重なったため、土御門家役人三上大炊（在道）の名田庄下向は難しくなった。遷宮は急遽前倒しされ、八月十七日に三上来村、十八日に遷宮を行うということになった。遷宮のための用具も土御門家から借りることになっていたらしく、その品々の他、三上に依頼して新調していた随身・駒犬の像も十三日か十四日に三上宅に請け取りに行くよう飛脚を手配せよという内容である。この像の発注先「大仏師川本右京」は、京都醒ヶ井五条上ル町で開業、京都・奈良のほか大分・福岡の仏像製作・修復にも事績を残す川本右京康直という仏師であった（資料番号74）。

なお、ここでいう御所造営とは、嘉永七年四月の御所火災からの再建事業であった安政の造営を指す。

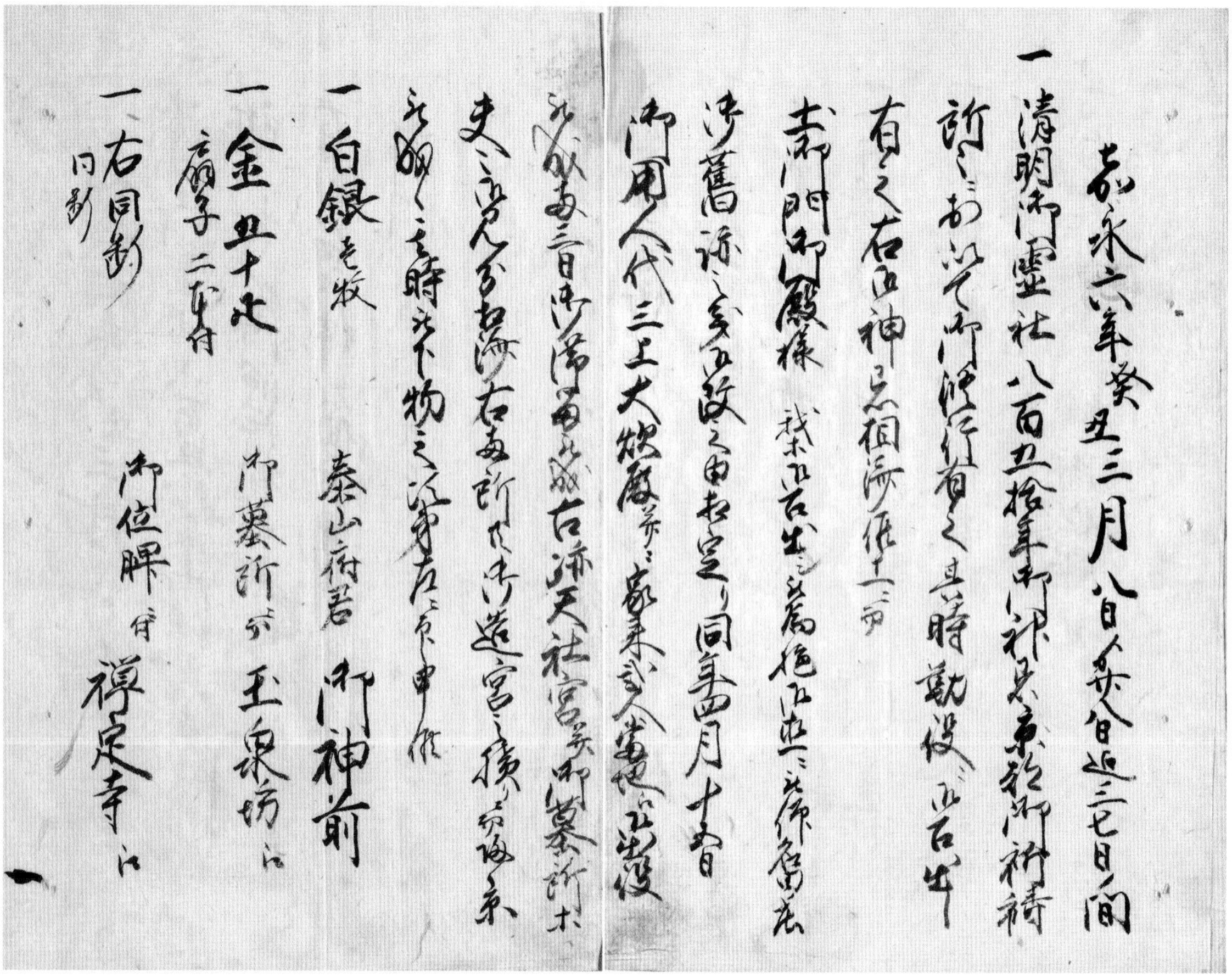

## 十一　安政四年（一八五七）
## 泰山府君社再興記録綴（墓所造営部分）

（資料番号74）

嘉永六年癸丑三月八日ゟ廿八日迠三七日ノ間
一清（晴）明御霊社八百五拾年御神忌京都御祈禱
所々ニおいて御修行有之其時勤役ニ御召出し
有之右御神忌相済候上ニ而
土御門御殿様　我等御召出シ被為遊御直ニ被仰名田ノ庄
御舊跡之義御改之由相定リ同年四月十五日
御用人代三上大炊殿并ニ家来弐人當地江御出役
被成両三日御滞留被成古跡天社宮并御墓所等
夫々御見分相済右両所共御造営之積リニ而帰京
被成候其時被下物之次第左ニ印申候
一白銀壱枚　　泰山府君　　御神前
一金　五十疋　　御墓所ニ而　　玉泉坊江
扇子二本付
一右同断　　御位牌ニ付　　禅定寺江
同断

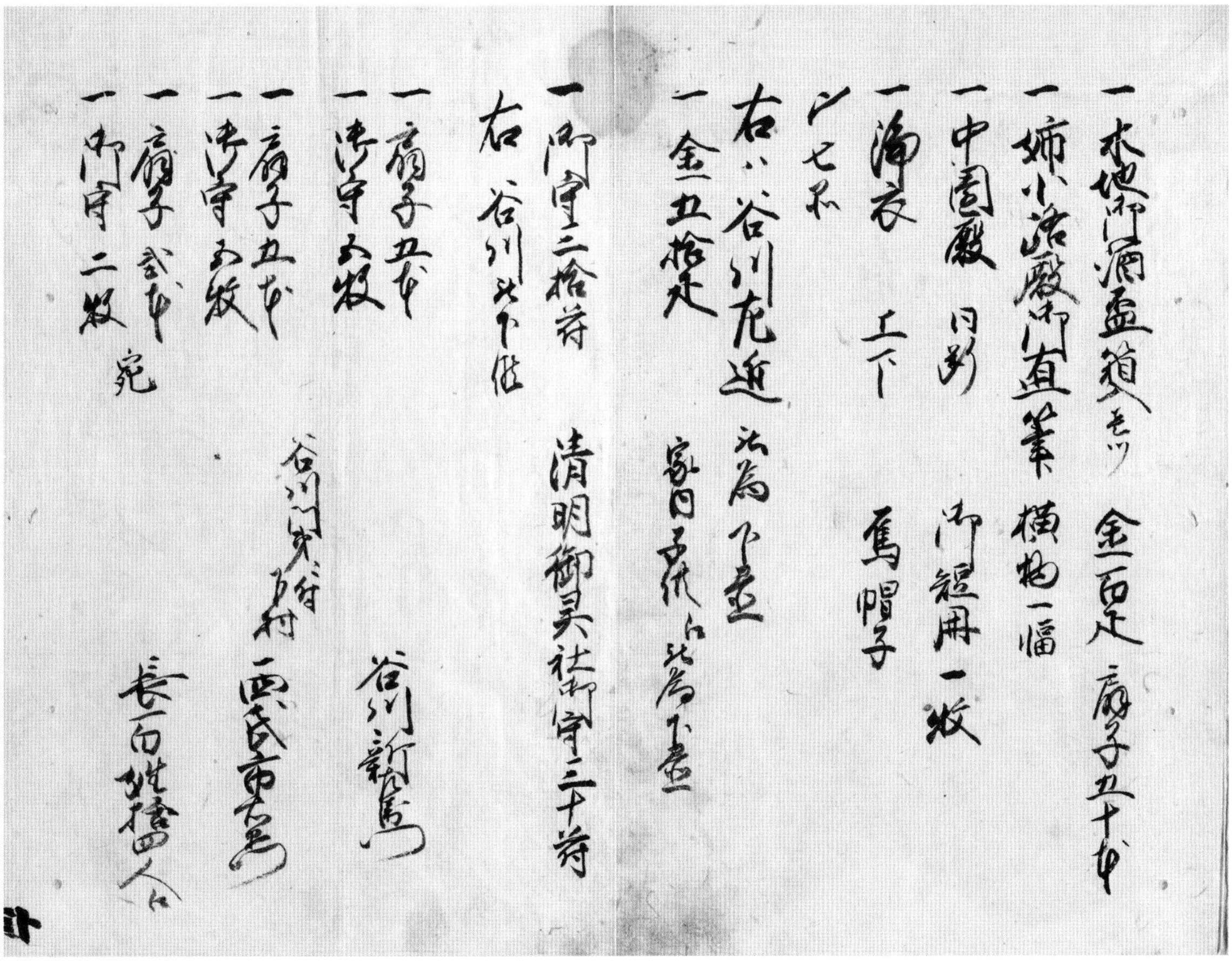

一木地御酒盃箱入壱ツ　金百疋　扇子五十本
一姉小路殿御直筆横物一幅
一中園殿　同断　　御短冊一枚
一浄衣　　上下　　烏帽子
〆　七品
右ハ谷川左近　被為下置
一金五拾疋　　家内子供江被為下置
一御守三拾符　清明(晴)御炅社御守三十符
右谷川被下候
一扇子五本
一御守五枚　　谷川新左衛門
一扇子五本
谷川門弟ニ付
一御守五枚　　下村西氏市右衛門
一扇子弐本
一御守二枚宛　長百姓拾四人江

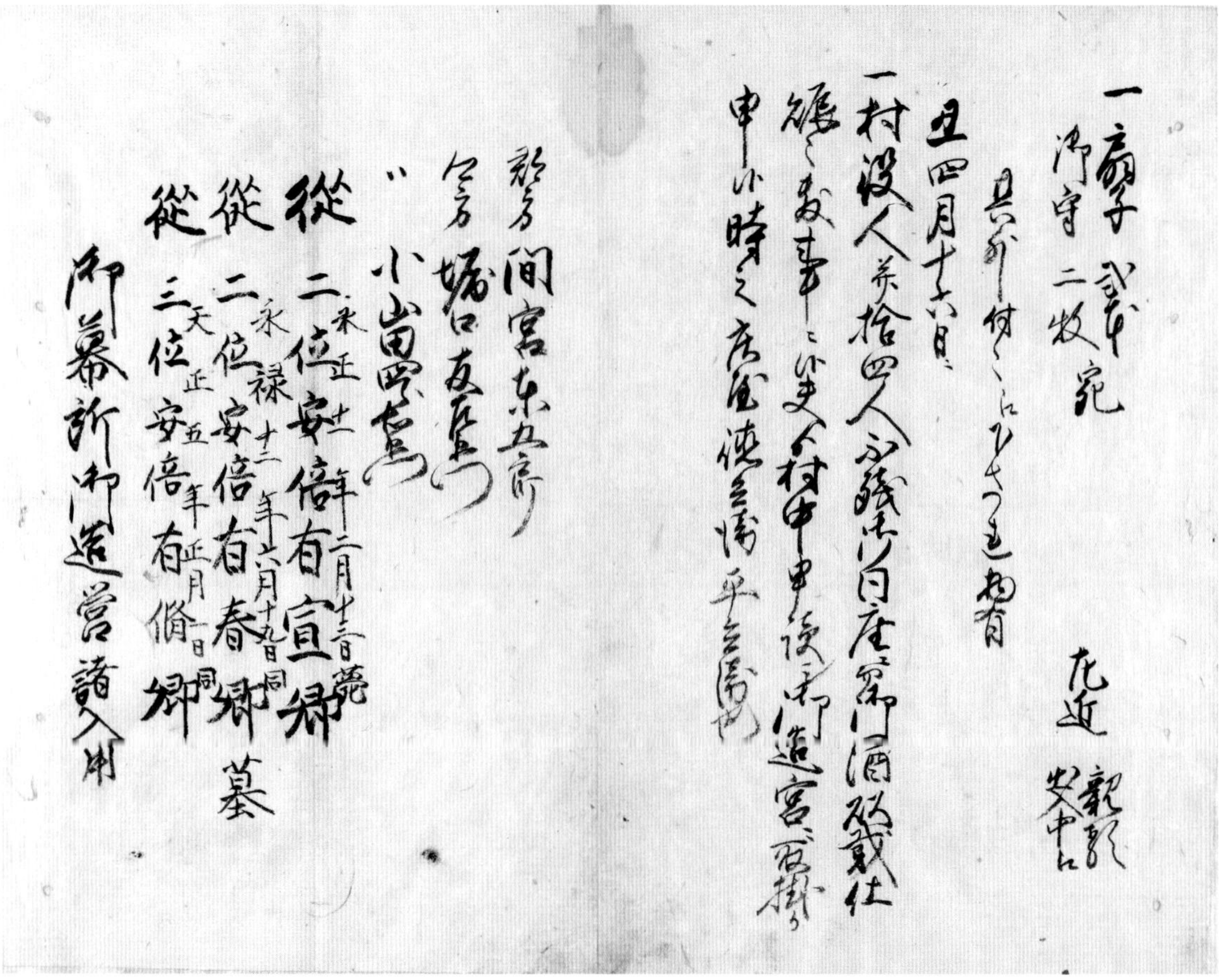

一扇子弐本
御守二枚　宛　左近　親類
出入中江
其外付々江下され物有
丑四月十六日ニ
一村役人并拾四人不残御同座ニ而御酒頂戴仕
賑々敷事ニ候、夫ゟ村中申談シ御造宮ニ取掛り
申候時之庄屋徳兵衛平兵衛也

郡方　間宮東五郎
郷方　堀口友左衛門
同　小山田四郎右衛門
従　二位安倍有宣卿
永正十一年二月十三日薨
従　二位安倍有春卿　墓
永禄十二年六月十九日同
天正五年正月一日同
従　三位安倍有脩卿
御幕（墓）所御造営諸入用

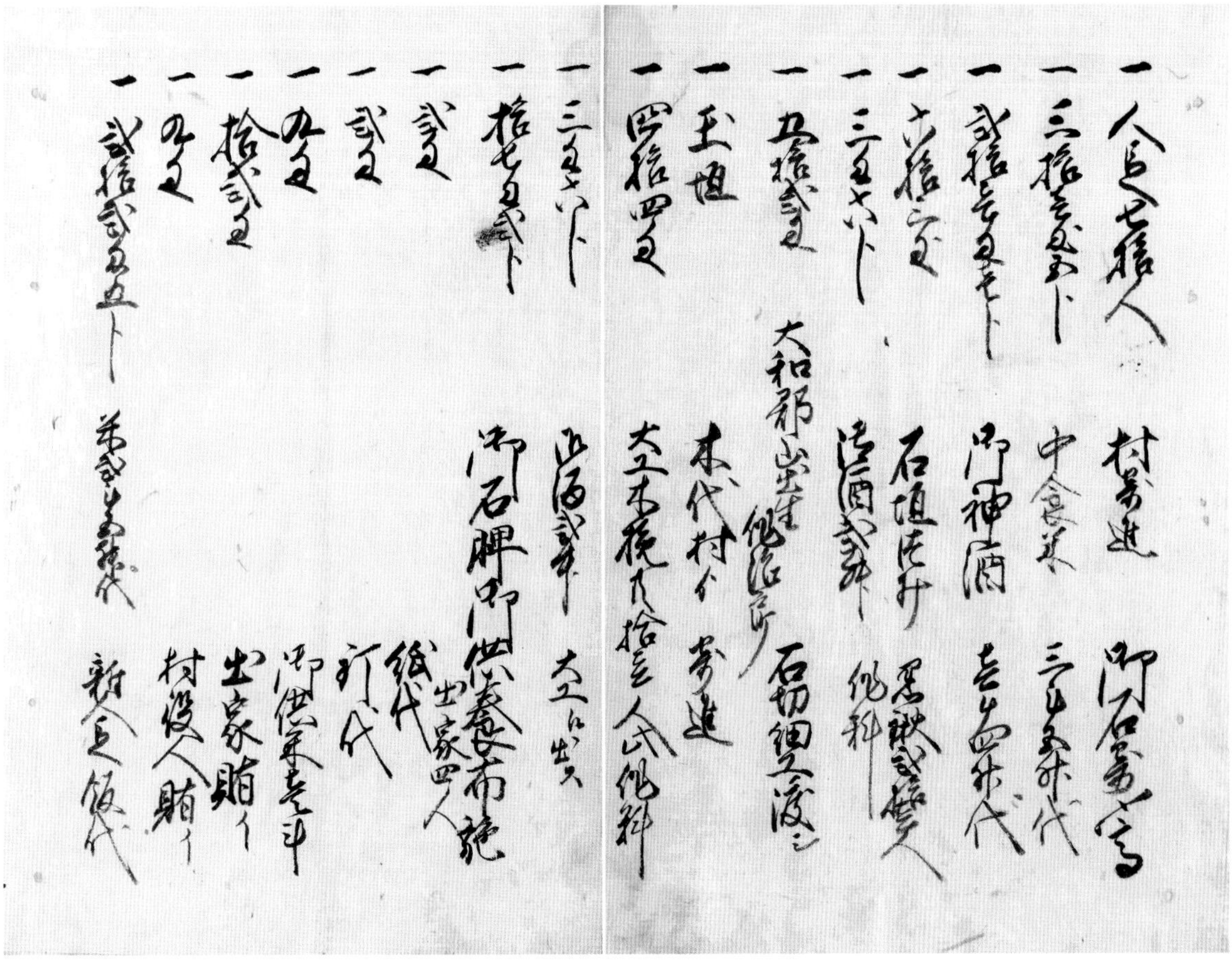

一人足七拾人　村寄進　御石寄〆高
一三拾壱匁五分　中食米　三斗五升代
一弐拾壱匁壱分　御神酒　壱斗四升代
一六拾三匁　石垣つみ　黒鍬弐拾壱人
一三匁六分　御酒弐升　作料
一五拾弐匁　大和郡山出生　石切細工渡シ
作治郎
一玉垣　木代村ゟ　寄進
一四拾四匁　大工木挽共拾壱人此作料
一三匁六分　御酒弐升　大工江出ス
一拾七匁弐分　御石牌御供養布施
出家四人
一弐匁　紙代
一弐匁　釘代
一九匁　御供米壱斗
一拾弐匁　出家賄イ
一九匁　村役人賄イ
一弐拾弐匁五分　米弐斗五升代　雑人足飯代

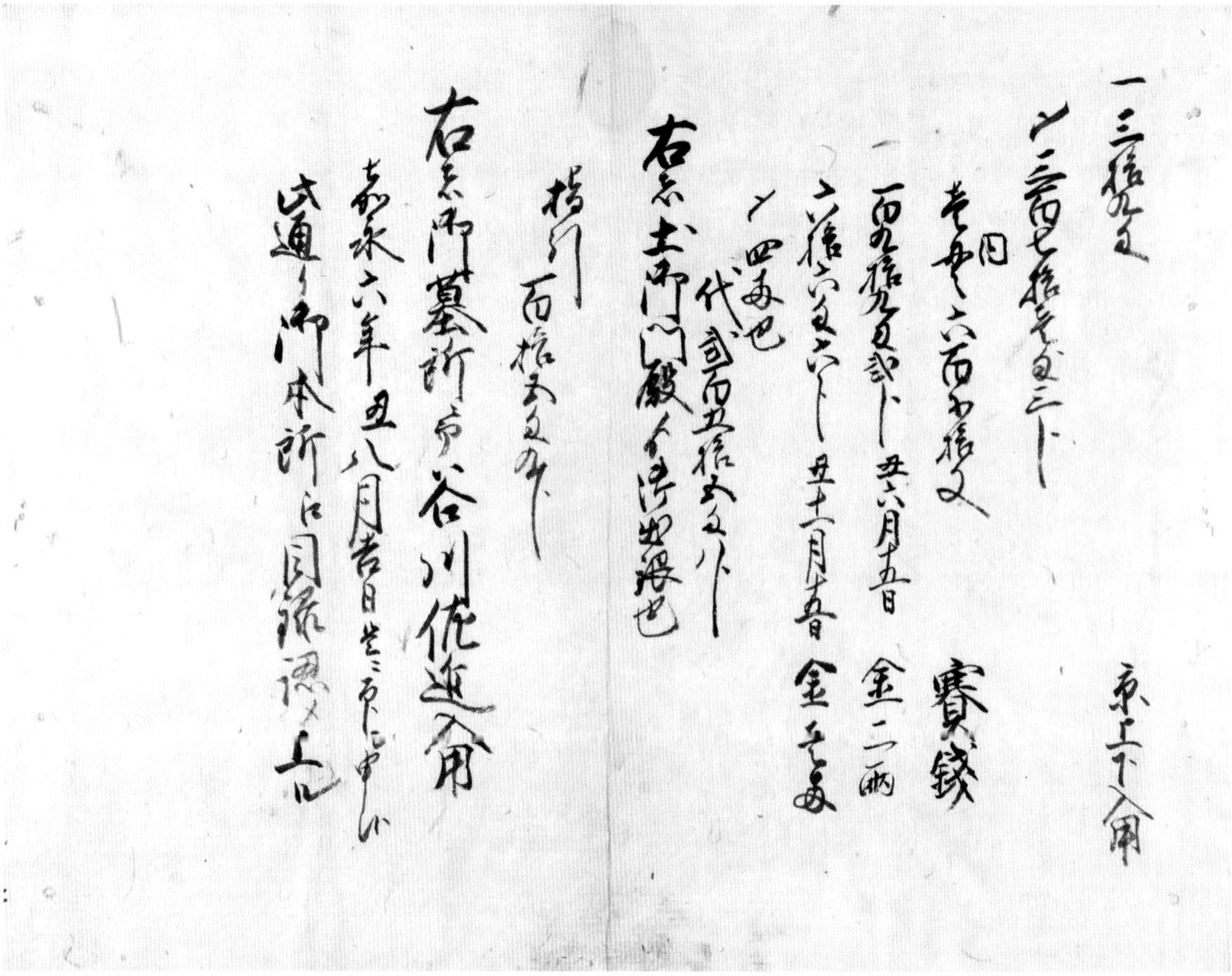

一三拾九匁　　　　　京上下入用
〆三百七拾壱匁三分
　内
壱貫六百五拾文　　賽銭
百九拾九匁弐分　丑六月十五日　金三両
六拾六匁六分　　丑十一月十五日　金壱両
〆四両也
　代弐百五拾五匁八分
右者土御門殿ゟ御出銀也

　指引　百拾五匁九（五）分
右者御墓所ニ而谷川左近入用
　嘉永六年丑八月吉日是ニ印シ申候
此通リ御本所江目録認〆上ル

＊この史料は文政十一年から安政四年に至る、土御門家墓所整備と泰山府君社再興に関わる記録を綴る。引用した箇所の前半は、嘉永六年に土御門家役人三上大炊（在道）が来村し、墓所・泰山府君社を検分した際の経緯である。土御門家から墓地や位牌を護っていた玉泉坊・禅定寺に送られた礼物、泰山府君神前への下賜、および谷川左近始め村人に送られた品々を記す。
　後半部は、この時の墓所造営にかかった費用を記す。総費用三百七十一匁三分に対して賽銭と土御門家からの出銀で二百五十五匁八分を賄ったものの不足分百十五匁九（五の誤りか）分を谷川左近が負担したことになる。

# 加茂神社・納田終村等文書撰

## 十二　木札

一、永正十年三月三日　室町幕府奉行人発給禁制

（表）

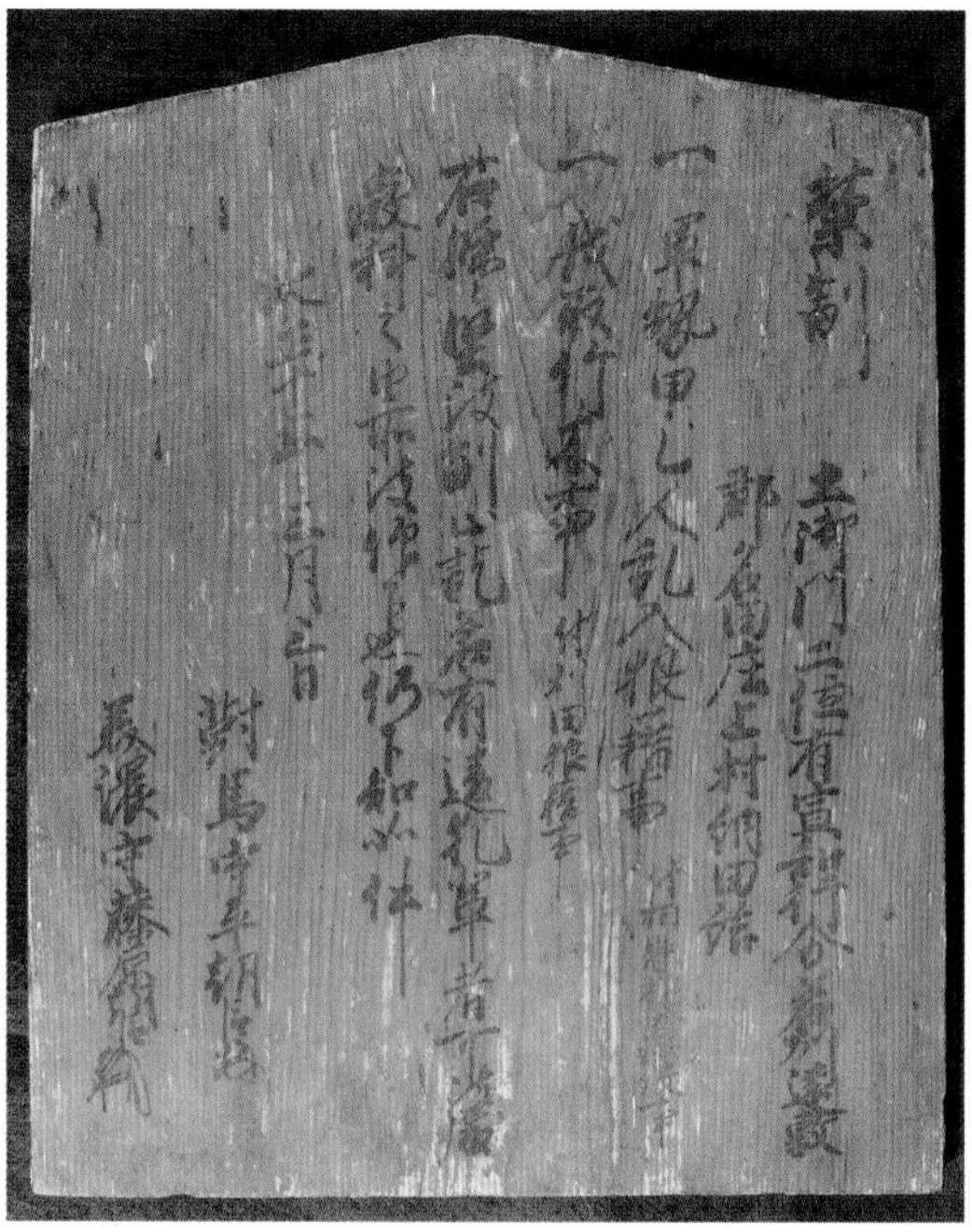

（裏）

二、慶長五年十一月十日　奉造立鳥居　棟札

（表）

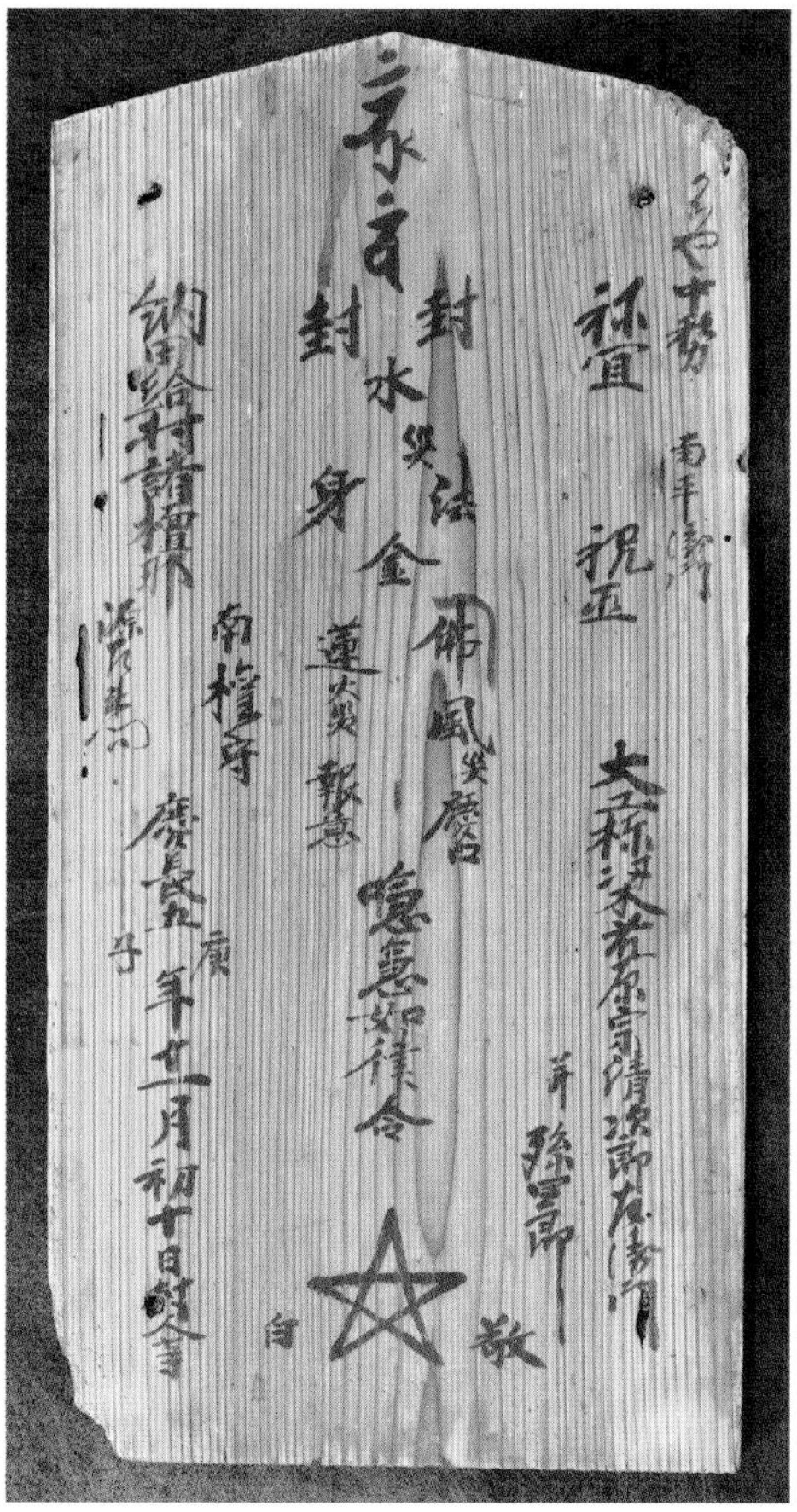

（裏）

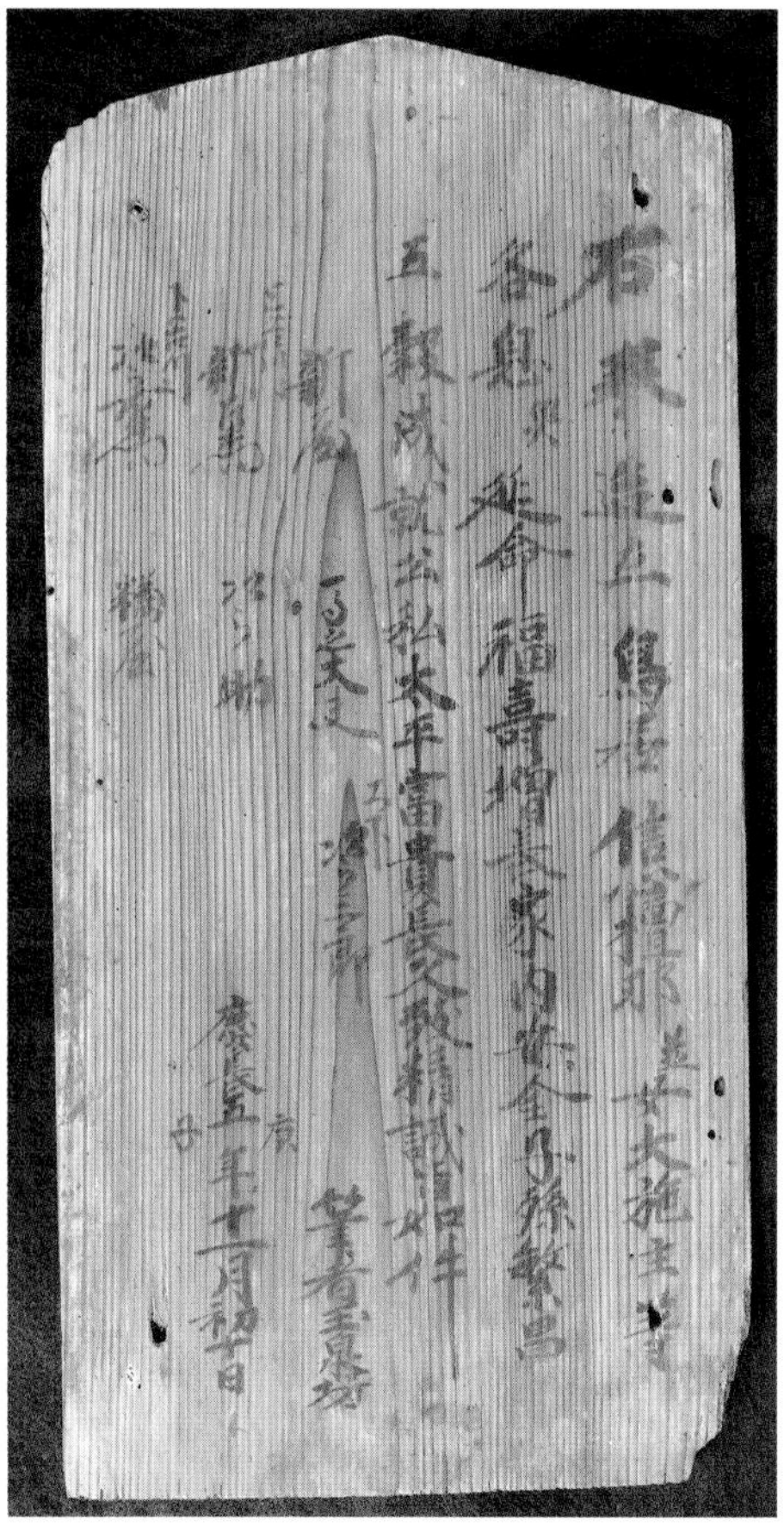

三、寛文七年八月　奉修大峯採燈護摩供五穀成就息災祈

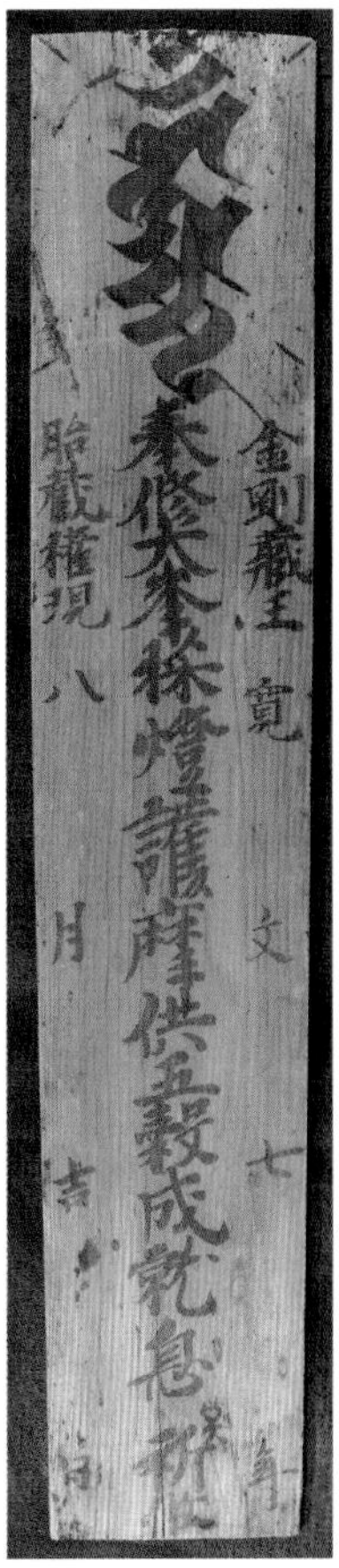

四、延宝六年八月　奉修大峯採燈護摩供息災延命祈所

五、元禄四年八月　奉修大峯採燈護摩供如意安全所

六、明和六年八月十八日　奉掛鰐口御霊大明神寶前諸願圓満皆令満足

（表）

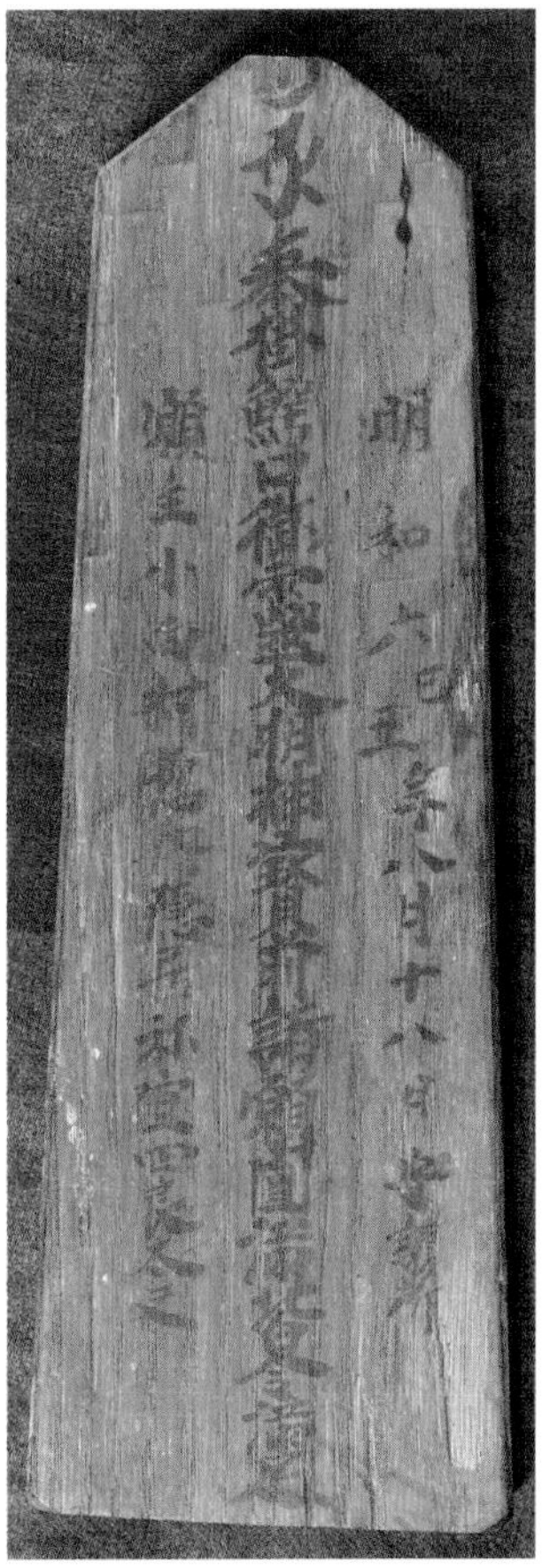

（裏）

七、文化十年十一月朔日　奉修護摩供社頭并氏子息災延命祈攸

八、文政九年八月　奉再建泰山府君社諸願成就

九、天保二年九月初願　安政二年八月成就　奉再建天社泰山府君祠

（表）

（裏）

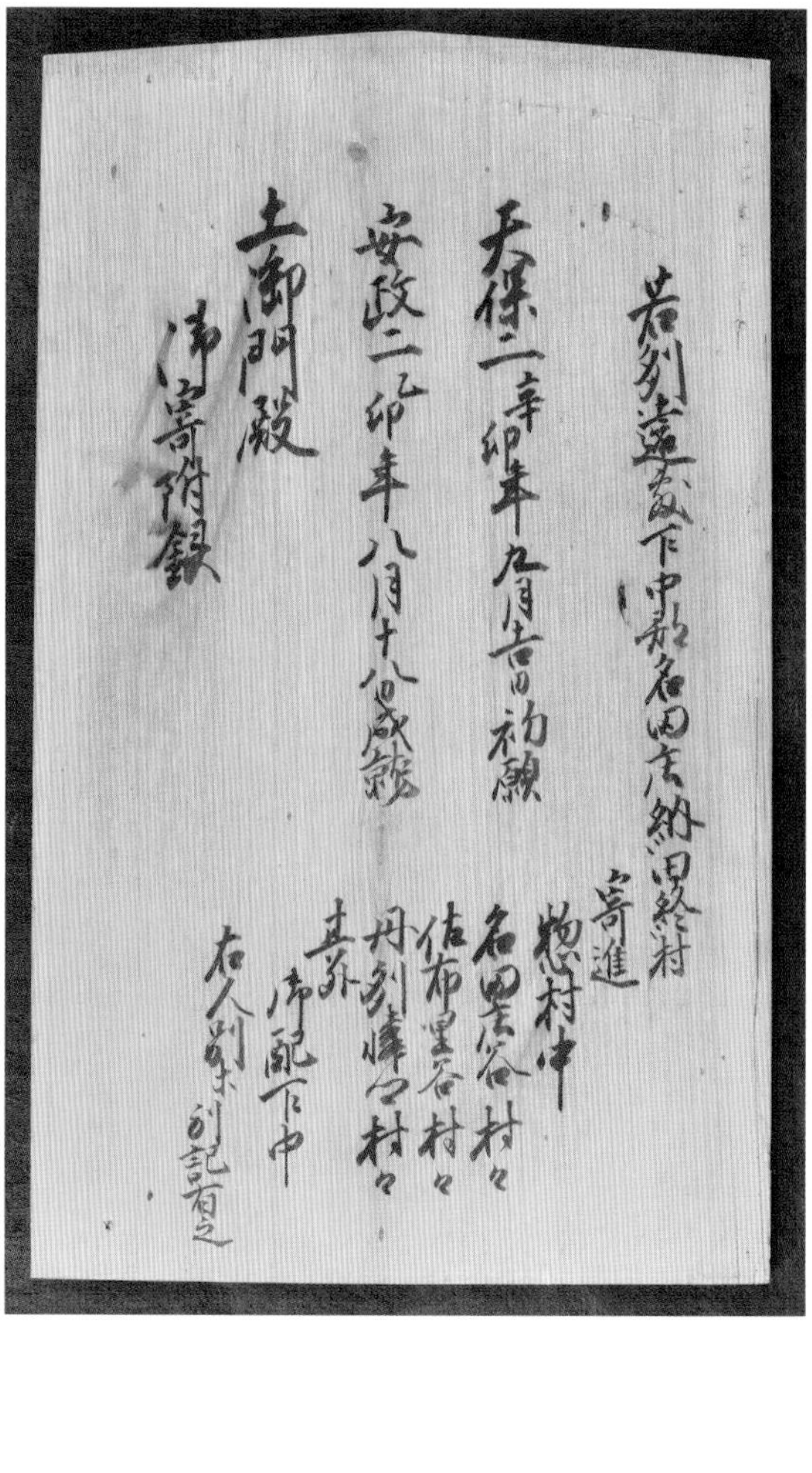


十、安政二年八月　奉再建天社泰山府君祠

（裏）

十一、大正六年九月　奉納天社泰山府君合祠遷宮式

（表）

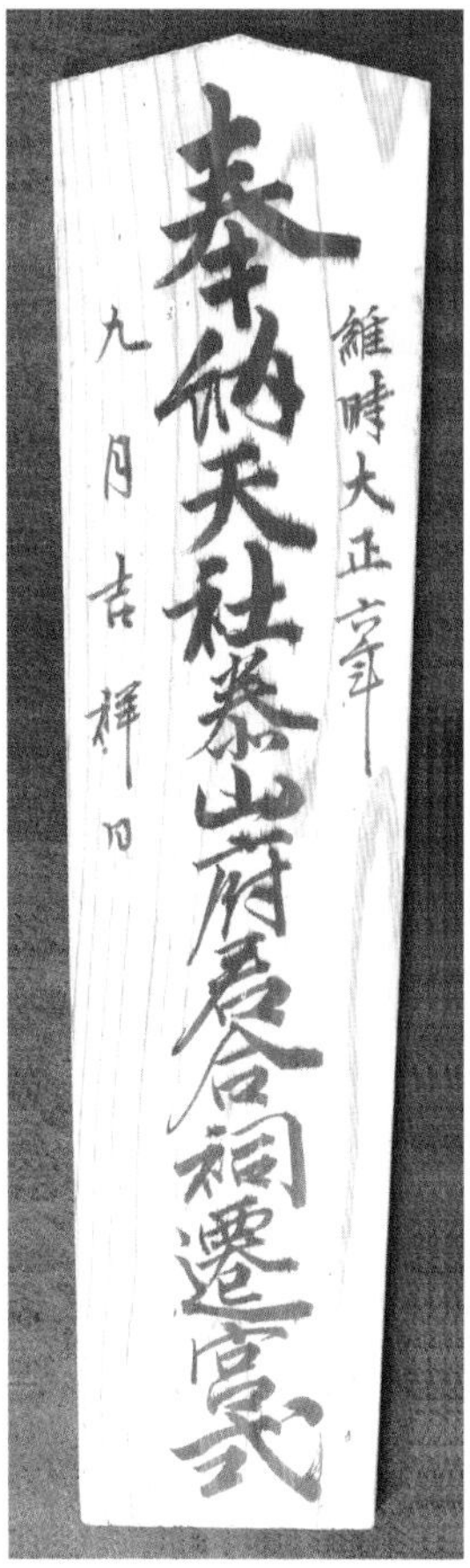


（裏）

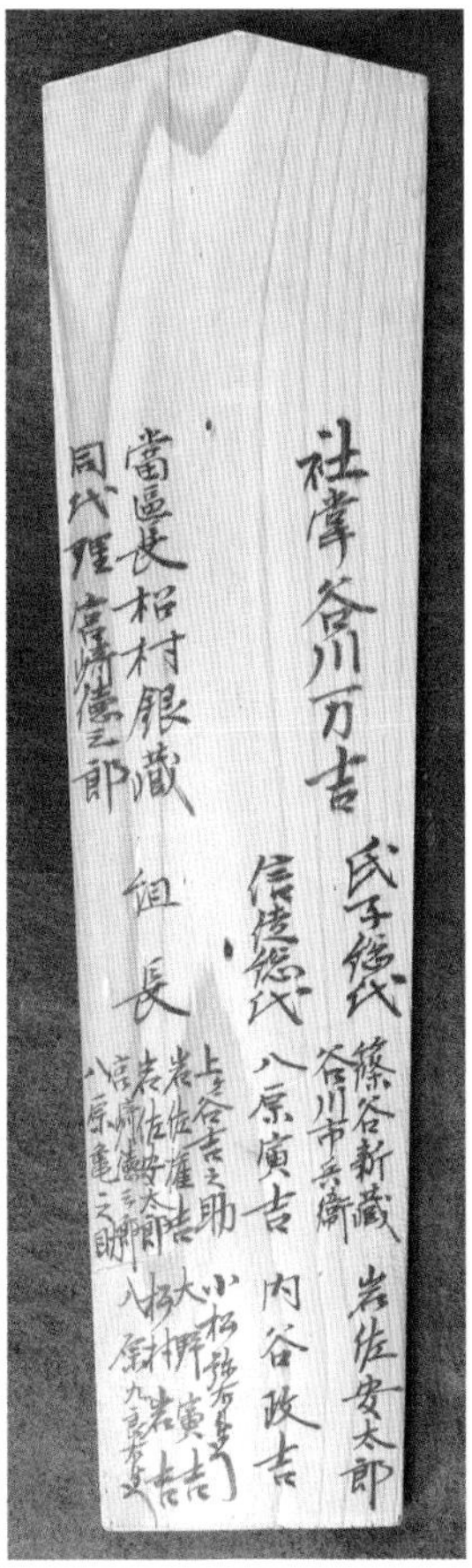


十二、年不詳　奉講護天［以下判読不能］

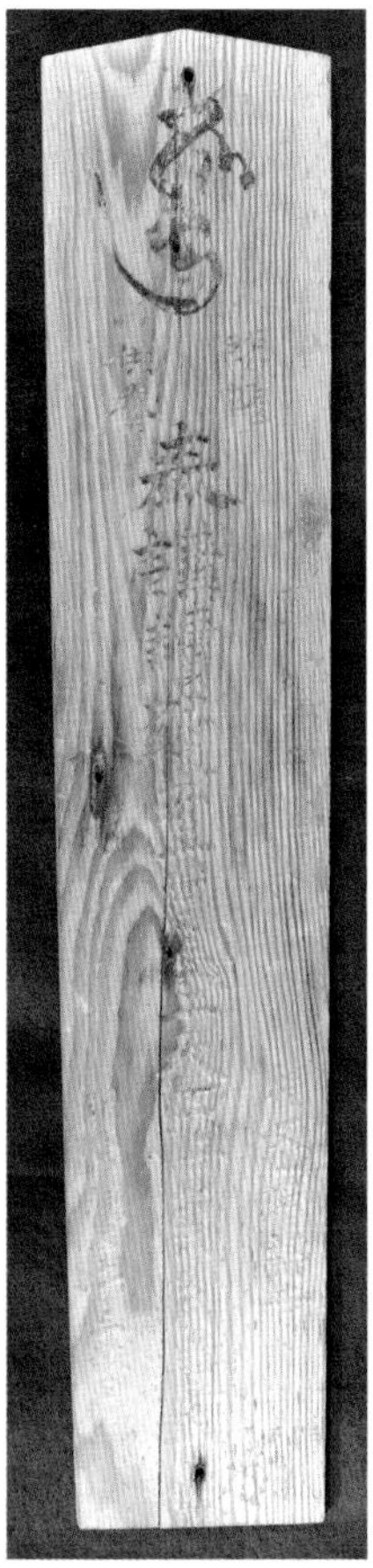

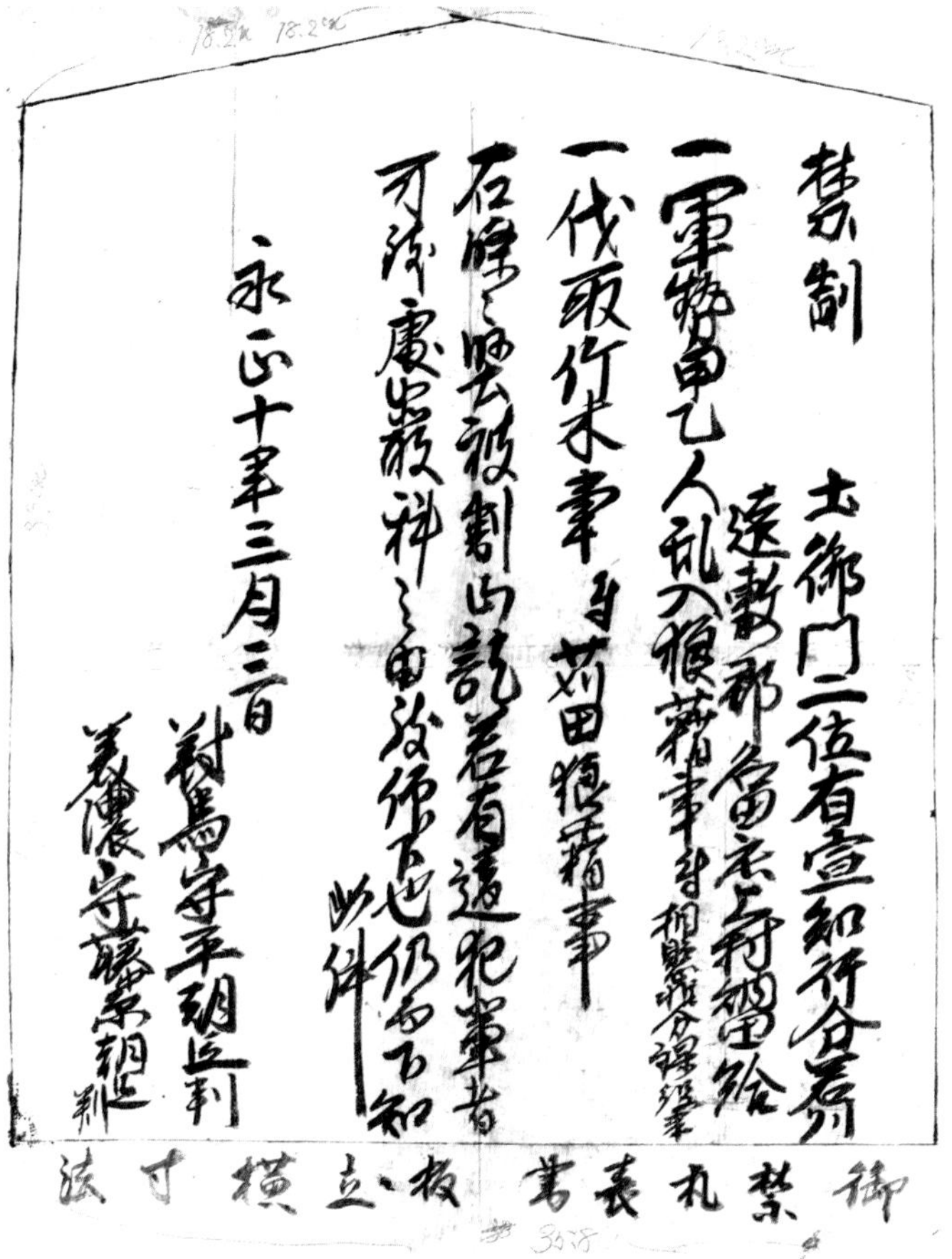


# 十三　永正十年（一五一三）三月三日　禁制写

（資料番号8）

禁制　　土御門二位有宣知行分若州
　　　　遠敷郡名田庄上村納田終

一軍勢甲乙人乱入狼藉事　付相懸非分課役事

一伐取竹木事　付苅田狼藉事

右條々堅被制止訖若有違犯輩者

可致厳科之由被仰下也仍而下知

　　　　如件

永正十年三月三日

　　　對馬守平朝臣判

　　　美濃守藤原朝臣判

＊室町幕府奉行人から土御門有宣へ発給された、納田終で、軍勢が乱暴狼藉や竹木を伐り取ることを禁じた制札を写した文書。発給人の対島守朝臣は飯尾之秀、美濃守藤原朝臣は齋藤基雄であろう。

上段の「禁制」は紙本であるが、谷川家には、木札の項で示した木製の制札（木札一）がある。また、これよりも新しい同文の制札もう一枚ある。新しい木札は明らかな複製であるが、木札一のものも。裏面下部に墨の印があって、複製の可能性が拭えない。

## 十四　慶長十八年（一六一三）五月　加茂神社講中土地目録

（前欠）
内谷名六百五十四文　たなはし名六百五十四文　こち谷名八百廿文
おこと名六百五十四文　小和田名八百廿四文　ねりかい名三百四文
とりい名四百八十　四文　仁井名八百廿四文　大井名三百文　ほき名
三百二文
本所へ七貫文納申のこりハとし寄まゝなり
一くじをと申候て一名にあらを七百目づゝ出申候其内いぬのくひとり申
候て二しばねとり候てあとをひりこきにしてをひの□は□□にして數
百三十二□此はん
米に御年貢の内五升出申
一くじわた八拾まい此ひりこきそへて八月一日に上申候くじわた出申
名々により
拾まいつゝ出申名はこち谷名小和田名仁井名のこり九名は六まいづゝな
り本所へ八拾まい上申候
一御年貢出申の事
大野名ハ一石七斗八升八合　小向名ハ三石五升四合　内谷名ハ二石三斗
三升四合　たなはし名ハ二石六斗四升六合　こち谷名にしふん一石一
斗二合　同ひがしふんハ一石二斗四合　おこと名ハ一石　小和田名一
石一斗三升四合　ねりかい名一石三斗一升四合　とい井名ハ二石一斗
三升八合　仁井名ハ二石二斗六升八合　大井名ハきたハ三斗　同南名
は一石一斗三升四合　ほき名ハ一石一斗三升四合此内五升ははるのき
つしやうはしめ又五升は御くらおさめ五斗は玉泉参本所へ二十石此内
九月二日の御神事に御たちの代に出申又五升はおこきのはん米に出申
拾九石八斗五升上へこしのこりは年より衆まゝなり
一人夫せんと申候てひらの百しやう衆もとどりに出申候事としより衆は出
不申本所へハ三貫文上申候此ほかにはるあき十一月の當人へ二百五十
文参可申候又二百文□はんとうへ参申候上下のはるのふしんやへ二百
文参可申候
一十二月に名へかり出申物の數の事
白米三升づゝくろい米三升づゝもち米白三升づゝ大豆三升づゝ料足七十
文づゝさつきせんと申候て四百文上候百文にてもくさかい候て數のう
をと申候て數三百上申候五百文ハ正月十一日□□□上申也
一くり山と申候て中白米三斗上申御かゝみ二枚ぬの三たんおりにもち九
づゝ入候て六合又六合はところ入申とちおりなり並に山のいも五十本くりみ一
のもち○ほどにして三十ハとちおりと申候て百三十百ハたゞ
斗二升わらび三十五れん六ほのても二まい又大豆納升に九升くしかき
四れんくしかきいもわらびくるみみな〳〵名から出申し上申し候
一くちあぶらと申候てこま一名から本斗の升七升づゝ出申し三ばんにして
しぼり候て六合升て九升上申候
一ひやけ田の大豆と申し候て六斗小和田名から出申候を三斗は本所へ上申
し又三斗はとしより衆まゝなり
一ほり田と申し候て米出申名ハ八升大野名一斗六升たなはし名八升をこと
名一斗六升小和田名これも御としより衆まゝなり
一こち谷名からハ四斗八升上の御宮へ参申候
一月の十八日に上下宮へ御神事ハ正月は上御宮大の名小向名又二月は小向
内谷三月はたなはしおこと四月はこち谷□□四五月ハねりかとり井六
月仁井大井ほぎ此ふんかくねんに神事あり
一はる秋の御神事にはもち二十枚八寸に二升もりさけ一升あらまき御年寄
衆へ申十一月のも二度の上の御まつり三月三日のも同こゝろなり
一くになりの事
はる段銭ほんせん一段二百文うち上内廿文づゝなりほんせんハ四貫
五百六十四文なり百文はいふうせん百五十文御使の人わろうじせんは
るも秋も此ふんなり

一りんち段せんは一貫五百文なり御うけとりに御禮せんとして□のり不申候ハヽ、百たびなりともかへし申候御禮せん□とりへ□百文はいふうせん一段に七十うち候
一大わせんは一段に三十文かゝり一貫百四十文ほんせん百文はいふせん
一つゞら野かまた谷からまいとし料足八百文づゝ京夫せん申候て御としより衆へわたり申候
一九月二日の神事候へハさるがくへわたり申物の數もち五十まい八寸に二升一ぜんせんすこうのもちと申候て百五十さけ二斗いた一ちやう此さけハ御れうの當屋から出申候そくの米本所から出申一斗までに納升に一石六斗わたり可申候
一谷中人名小名の事
大野名二段　小向名三段　内谷二段代たなはし二段小　仁井二段　こち谷二段半　おこと一段大　小和田一段　ねりかい一段小　とり井二段
　大井一段半　ほぎ名一段　以上合二丁三段
一御神事のすこうもち米ハ一名から白米一升づゝ出申候ても百五十
一年中出申物ニ田こうつ事は長夫せんとたんせんと京夫とそのほかハ名にうち申し候
　慶長十八年五月吉日　　南権守
　　下
　　　谷川左近二郎

＊この慶長十八年五月に「南権守」から谷川左近二郎へ宛てた下文は、『遠敷郡誌』に文書の写真が掲載されているが、谷川家文書には現物が見当たらない。「南権守」は、慶長五年十一月初十日の棟札に「納田給村諸檀那」の下に「南権守」と「源左衛門尉」がある。また、土御門泰重の日記の寛永二年七月二十二日の記事に、別当と権守に帷子一つを与えたとある。権守は国守の仮の役を示すが、ここでは薬師堂の役を示すのであろう。

「加茂神社講中土地目録」と仮題されたこの文書は、本所（土御門家）への年貢・諸負担についての細かな規定であり、納田終の各種負担を知ることができる。大野名などの名からの年貢米、春秋の当人へ二百五十文の銭を参銭すること、「ひやけ田の大豆」を小和田名から出し、三斗は「本所」へ、三斗は「としより衆」の自由であることなど、それぞれの名からの土産についての規定があって面白い。春秋の神事について、餅二十枚八寸に二升盛りとして、牛の舌餅とは書いていないが、餅を奉納している。九月二日の神事に猿楽を舞っていて、猿楽へ餅や酒を振る舞っている。ここで舞われた猿楽は、若狭猿楽ではなく、丹波の梅若太夫であることも考慮する必要がある。梅若太夫は、後土御門天皇の時に、梅津姓から梅若姓へ替えていて、若狭三方郡菅浜（現、美浜町）の須可麻神社へ毎月式能に遣ってきたと「若州管内寺社由緒記」には記されている。

終わりの方の箇条に「京夫」と「長夫」があるが、京夫は京への物資の運搬の役で、長夫は京の領主の館での雑役に長期に従事することを意味する。

簡単にこの文書の内容を紹介したが、本所と納田終の村民との関係、神社の神事との関係などを通じて、本所土御門家と加茂神社氏子との関係を見るには絶好の史料である。

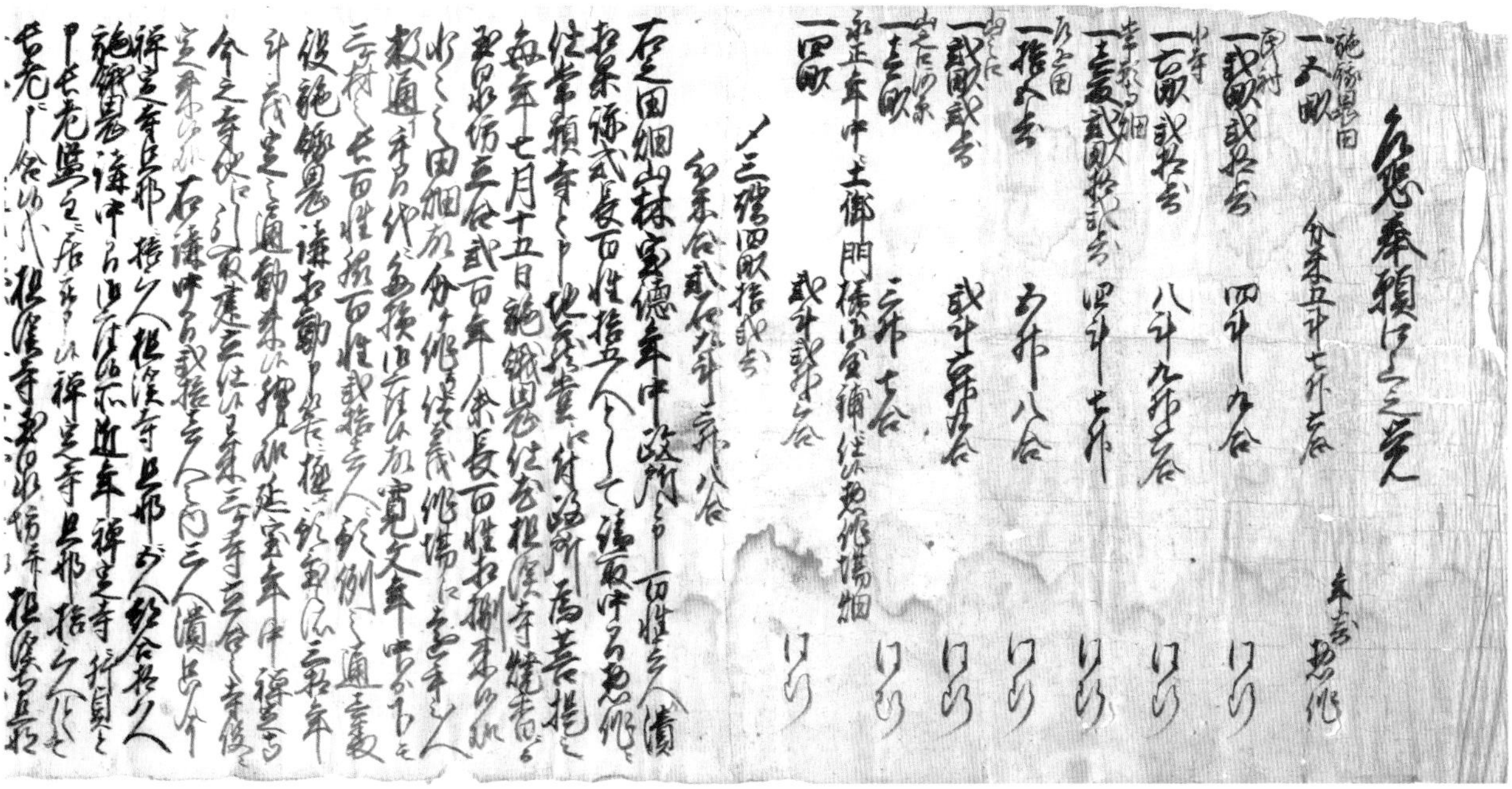

# 十五　宝暦六年（一七五六）乍恐奉願口上之覚　（資料番号２２）

乍恐奉願口上之覚

施餓鬼田
一五畝　分米五斗七舛六合　年寄　総作
武村
一弐畝弐拾歩　四斗九合　同断
小寺
一六畝弐拾歩　八斗九舛六合　同断
常願寺畑
一壱反弐畝拾弐歩　四斗七舛　同断
左近田
一拾五歩　五舛八合　同断
山之口
一弐畝弐歩　弐斗六舛九合　同断
山之口河原
一壱畝　三斗七合　同断
永正年中ニ土御門様御屋鋪ニ仕候惣作場畑
一四畝　弐斗弐舛三合　同断
〆三端四畝拾弐歩
分米合弐石九斗三舛八合

右之田畑山林宝徳年中政所と申百性壱人ハ潰
相果跡弐長百性拾五人として請取中間惣作ニ
仕常願寺と申地蔵堂江付政所為菩提之
毎年七月十五日施餓鬼仕尤相模守焼香ニ而
玉泉坊立合弐百年余長百性相捌來候処
少々之田畑故分チ作リ仕候而茂作場江遠年々人
数通リ手間代ニ多損御座候故寛文年中ゟ下モ
三ヶ村之長百性脇百性弐拾壱人預例之通壱番
役施餓鬼講相勤申筈ニ極メ預置候所三拾年
斗茂定之通勤來候然ル処延宝年中禅定寺
今之寺地江引取建立仕候巳來三ヶ年立合之寺役ニ
定來候処右講中間弐拾壱人之内三人潰只今
禅定寺旦那ニ拾三人担渓寺旦那ニ五人都合拾八人
施餓鬼講中間御座候所近年禅定寺ニ行貞と
申長老監主ニ居被申候禅定寺旦那拾三人として
長老ニ申含候哉担渓寺玉泉坊并担渓寺旦那

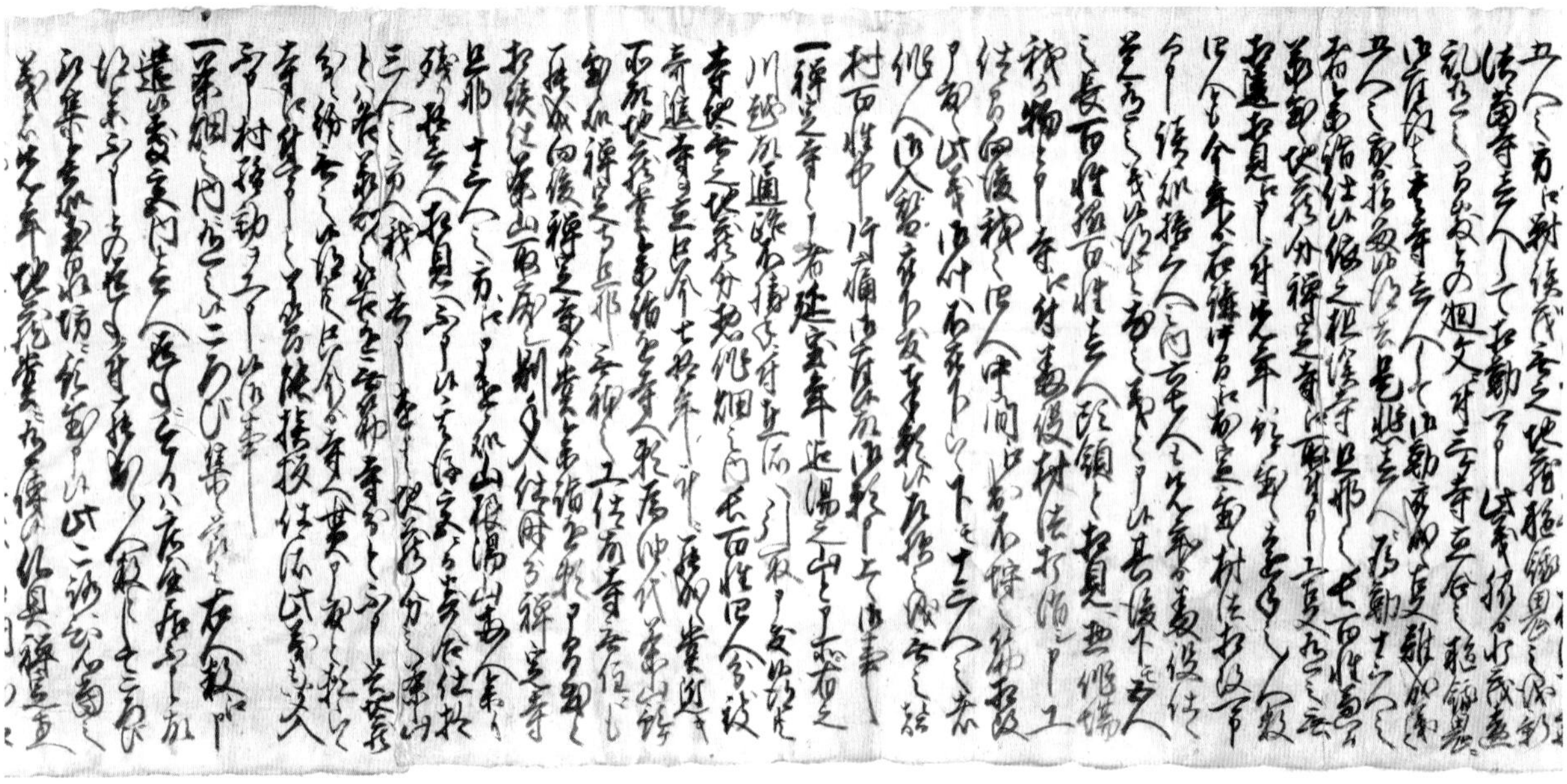

五人之方江對談茂無之地蔵施餓鬼之儀新
法ニ当寺壱人して相勤可申此義脇ゟ少茂違
乱有之間敷との廻文ニ付三ヶ寺立合之施餓鬼
御座頭は貴寺壱人して御勤被成候事難成儀と
五人之方ゟ指留候得共是悲壱人ニ為勤十三人之
者参詣仕候依之担渓寺江取付申工事有之無
相逺相見江申ニ付先年預ヶ置候遠年之人数
四人とも今年ゟ右講中間江出定置候村法相改可申
与申談候処拾三人之内六七人も先年ゟ番役仕候
覚有之義候得は尤之義と申候其後下モ五人
之長百性脇百性壱人頭領と相見へ惣作場
我か物と申寺江付番役村法打消シ申工
仕候間向後我々四人中間江出不埒之筋相改
申度候此義御叶へ不被下候ハヽ下モ十三人之者
作人御入替被下度奉願候左様之儀無之候而者
村百性中片痛御座候故御願申上候御事
一禅定寺と申者延宝年迠湯之山と申所有之
川越故通路不勝手ニ付在所へ引取申度候得共
寺地無之地蔵分惣作畑之内長百性四人分致
奇進寺ヲ立只今七拾年斗ニ罷成候堂近キ
所故地蔵堂参詣を寺人頼為油代茶山預ヶ
置候処禅定寺旦那無躰之工仕候故寺無住ニも
罷成向後禅定寺ゟ堂参詣を頼申間敷と
相談仕茶山取戻シ則手入仕候時分禅定寺
旦那十三人之方江申遣候処山根湯山両人参リ
残リ拾壱人相見へ不申候其後宮ニ而寄合仕拾
三人之方へ我々去申遣候は地蔵分之茶山
とハ各承知之筈を無筋寺分と不申共地蔵
分と紛無之候得共只今ゟ寺人貰申度と頼候ハヽ
寺江付可申と了簡挨拶仕所此義も聞入
不申村騒動ヲ工申候事
一茶畑之内ニ有之候ころび集候節も右人数江申
遣候處宮内壱人返事ニ今日ハ庄屋居不申候故
得参不申との返事ニ付罷出候人数としてころび
取集無処玉泉坊ニ預置申候此ころび心当之
義者先年地蔵堂ニ有傳候仏具禅定寺へ

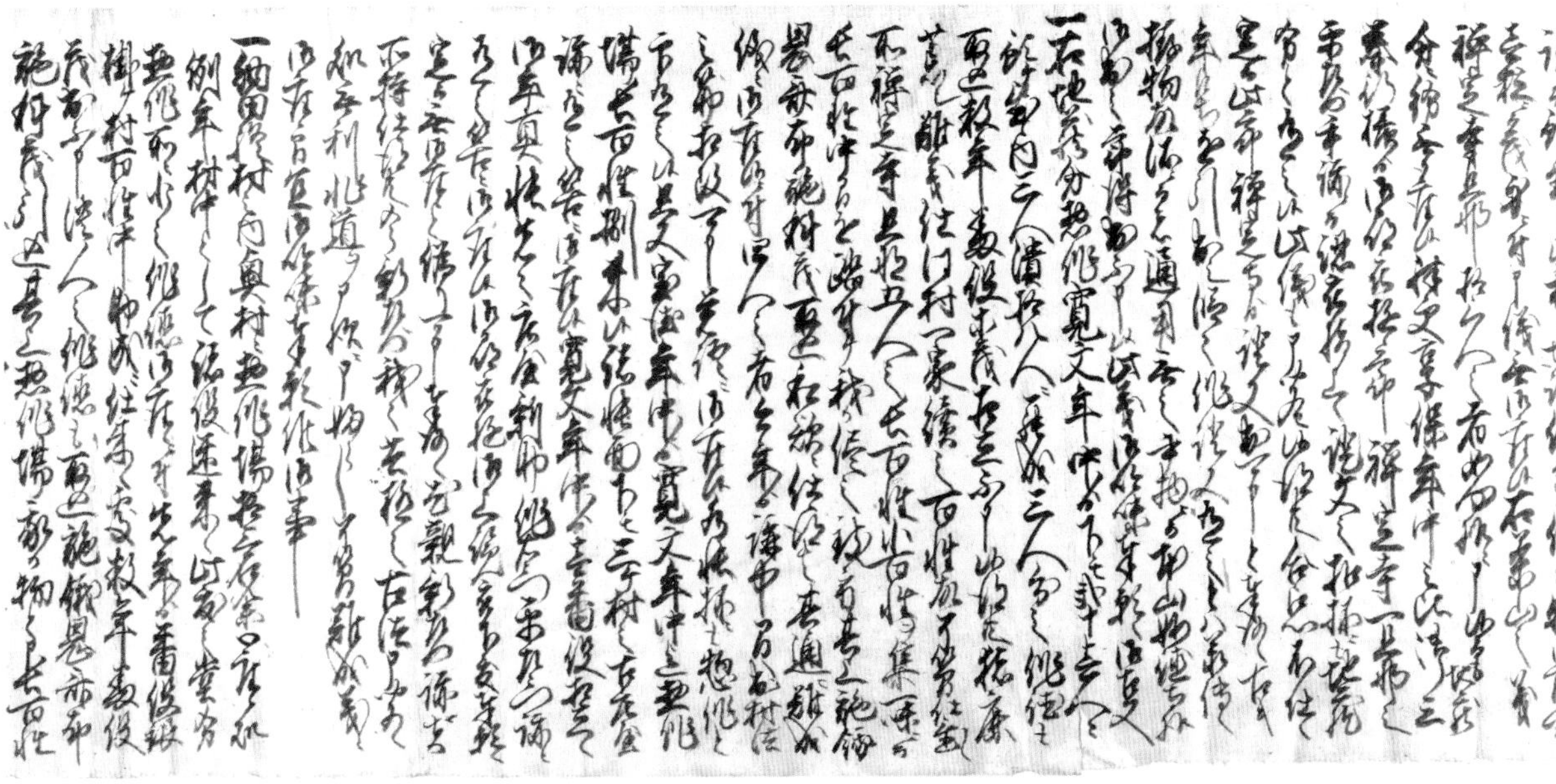

借取紛失仕今ニ戻シ不申候此義相調申度相
談ニ而預ヶ置申候我々世話仕ニ而も佛之物ニ御座候へハ
壱粒ニ而茂身ニ付申儀無御座候右茶山之義
禅定寺旦那拾三人之者如何ニ申候而も地蔵
分ニ紛無御座候殊更享保年中之比御三
奉行様ゟ御尋被遊候節禅定寺一旦那之
平左衛門手跡ニ而認被指上候證文之扣抔ニも地蔵
分と有之候此儀も申聞セ候得共合点不仕候
定而し此節禅定寺ゟ證文出可申と奉存候古キ
年号を引出シ段々作證文又有之とハ承傳へ
捽物故所ニ而者通用無之書物ニ而本山妙徳寺様
御出之節得出不申候此義御吟味奉願候御事
一右地蔵分惣作寛文年中ゟ下モ弐十壱人ニ
預ヶ置候内三人潰拾八人ニ罷成三人分之作徳も
取込数年番役等茂相立不申候得共猪鹿
荒シ難義仕同村一家續之百性故了簡仕置候
所禅定寺旦那五人之長百性小百性ヲ集一味ニ而
長百性中間を踏付ヶ我か侭之致方其上施餓
鬼斎布施料茂取込私欲ニ仕候得は其通ニ難成
儀ニ御座候ニ付四人之者今年ゟ講中間へ出村法
之筋相改可申候覚語ニ御座候水帳抔ニは惣作と
印有之候且又宝徳年中ゟ寛文年中迄惣作
場長百性捌來候諸帳面下モ三ヶ村之古庄屋
跡ニ有之筈ニ御座候寛文年中ゟ壱番役相立候
御年貢帳先々庄屋新助作右衛門平左衛門跡ニ
有之筈ニ御座候御尋被遊御上覧被下度奉願候
定而無御座候と偽リ可申奉存候尤親新左衛門跡ニ者
所持仕候得共今新左衛門我々共極之古法申聞候
処無利非道ヲ申様ニ申ふらし了簡難成義
御座候間宜御吟味奉願候御事
一納田終村之内奥村ニ惣作場拾三石余御座候処
例年村中として諸役迷來候此度之堂分
惣作所ニ少々作徳ニ御座候ニ付先年ゟ番役銀
掛ヶ村百性中助成ニ仕來候處数年番役
茂出不申潰人之作徳も取込施餓鬼斎布
施料茂引込其上惣作場我か物と申長百性

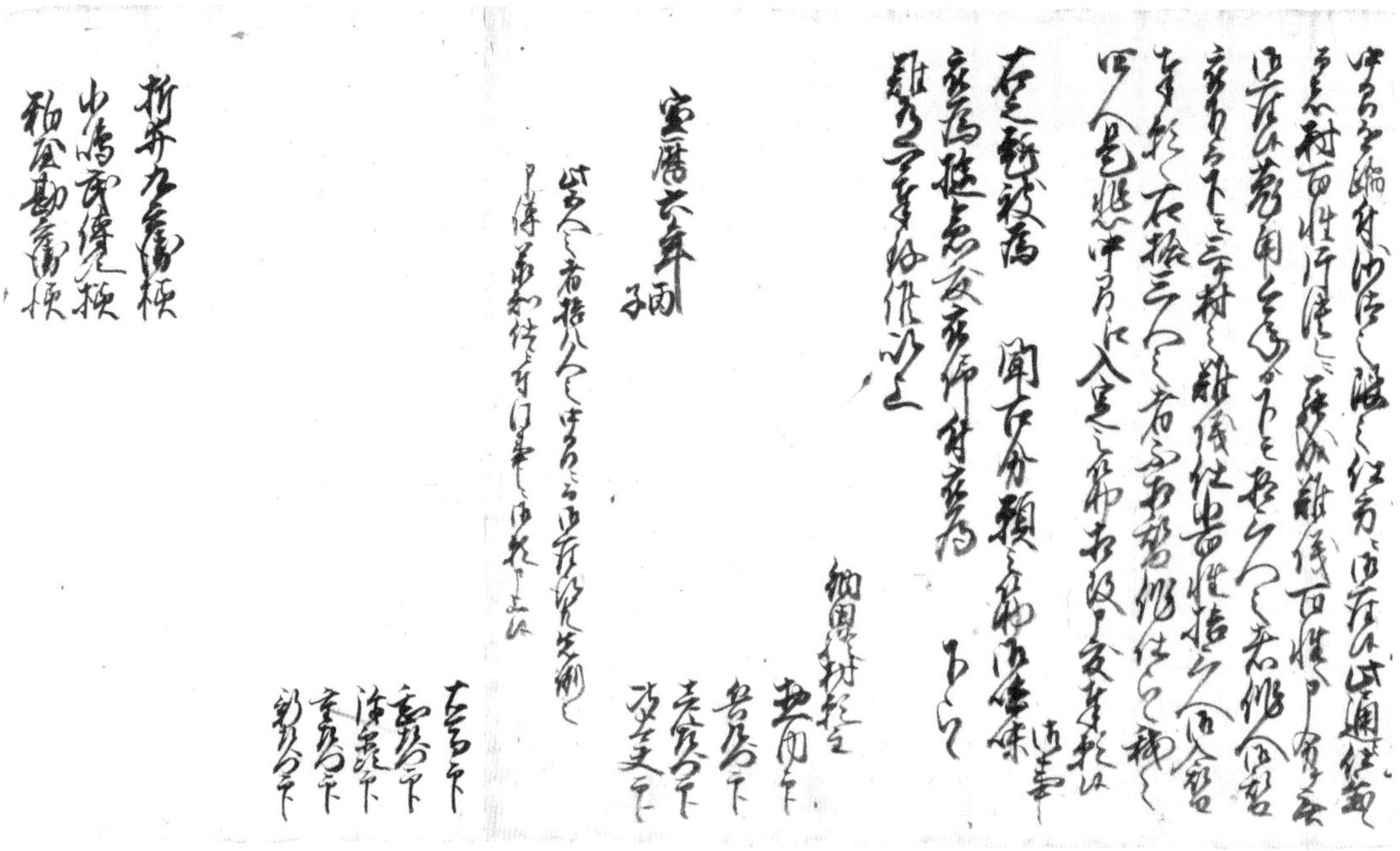

中間を踏付沙汰之限之仕方ニ御座候此通ニ仕置候
而者村百性片潰レニ罷成難儀百性ヘ申分ヶ無
御座候菟角今年ゟ下モ拾三人之者作人御替
被下候而下モ三ヶ村之難儀仕小百性拾三人御入替
奉願候右拾三人之者不相替作仕候ハヽ我々
四人是悲中間江入定之筋相改申度奉願候
右之趣被為　聞召分願之筋御吟味
被為遊急度被仰付被為　下候ハヽ、
難成可奉存候以上

納田終村願主
惣内　印
兵左衛門印
彦左衛門印
次太夫　印

宝暦六年丙
子

此五人之者拾八人之中間ニ而御座候得共先例之
申傳承知仕候ニ付同事ニ御願申上候

右馬　印
甚左衛門印
弥平次　印
重左衛門印
新左衛門印

折井九兵衛様
小嶋武傳次様
粕屋勘兵衛様

＊事の起こりは、室町幕府の足利義政の時代の宝徳年中に「政所」と呼ばれた荘園役人が潰れて、その土地を地蔵堂に付け、長百姓仲間が惣作して二百年程経過したが、遠隔地であるので寛文年中から下三ヵ村の長・脇百姓二十一人講中で作り、地蔵堂の施餓鬼供養をしてきたことにある。ところが延宝年中に、川の反対側で不便であった禅定寺を引取り、地蔵分惣作畑から長百姓四人分を寄進した。講中二十一人から三人が潰れて、禅定寺旦那十三人、旦渓寺旦那五人であったが、禅定寺行貞長老が新法として禅定寺旦那のみで施餓鬼を行うようになった。また、茶畑についても寺分と主張していた。こうした禅定寺の新法体制に対して、下の十三人の百姓の入れ替えと、この文書にある四人の百姓が新たな講中に入れるように小浜藩役所に願い出たのである。荘園体制が崩れて、幕藩体制下の村に変化する過程での出来事と捉えると面白い。

## 十六　明和八年（一七七一）九月　家来永代證文之叓（資料番号23）

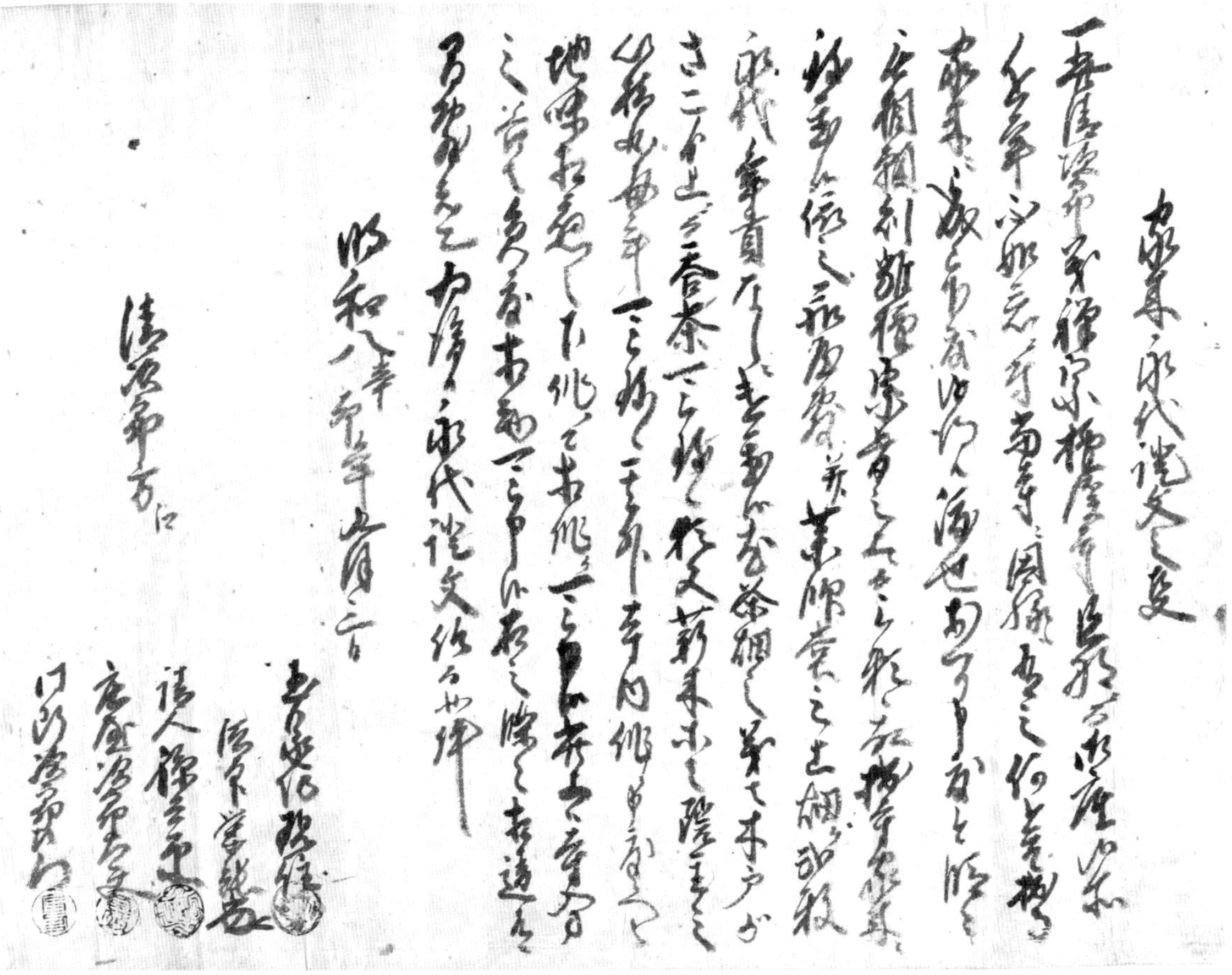

家来永代證文之叓

一此清次郎義禅宗壇渓寺旦那ニ而御座候所
近年不如意ニ付当寺ニ因縁も有之何とそ拙寺
家來ニ被成被下度候得ハ渡世於可申度と段々
無相願則離壇宗旨之上ニ而被頼候故拙寺家來ニ
致置候依之藏屋敷并薬師堂之上畑分弐枚
永代年貢なしニ遣置候尤茶畑之義は木戸が
さこゟ上ニ而呑茶可被致候猶又薪木等は院主之
以指圖毎年可被致候其外寺内作リ申度候へは
地味相應之下作ニ而相作リ可被申候此上ハ寺入方
之節は急度相勤可被申候右之條々相違有
間敷者也為後日永代證文依而如件

明和八辛夘年九月三日

玉泉坊現住㊞
法印栄能（花押）
請人孫兵衛㊞
庄屋次郎太夫㊞
同断次郎左衛門㊞

清次郎方江

*禅定寺旦那清次郎が、近年不如意とあるので、経済的に困窮して離檀して、玉泉坊家来となることの証文である。新たな旦那寺との関係においては、蔵屋敷と薬師堂上の畑二枚は永代年貢なしに使ってよいこと。茶畑は、木戸がさこより上で飲料用の茶を作っても良いこと。また薪木などの燃料は院主の指図に従うこと。寺内で耕作をしたい場合には、地味相応の小作で作ることなどを誓約している。

## 十七　天明七年（一七八七）五月　乍恐奉願御夫食之事（資料番号25）

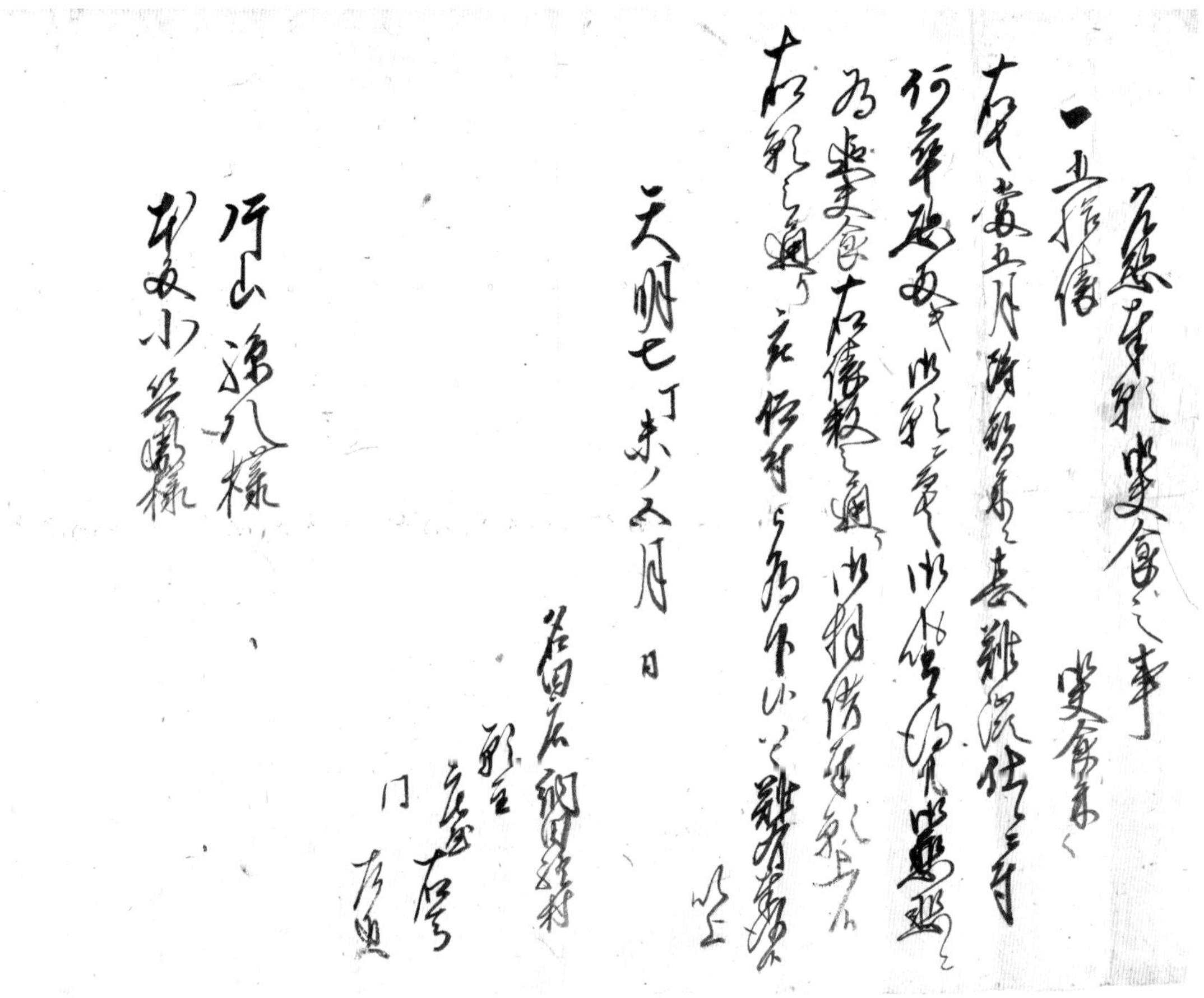

乍恐奉願御夫食之事

一五拾俵　　　　御夫食米

右は當五月附替米ニ甚難渋候ニ付
何卒恐多キ御願ニ而は御坐候得共御慈悲ニ
為追夫食右俵数之通リ御拝借奉願上候
右願之通リ被仰付被為下候ハヽ難有奉存候
以上

天明七丁未ノ五月日
名田庄納田終村
願主
庄屋
右馬
同
左近

片山孫八様
本多小兵衛様

＊天明の飢饉に際しては、天明三年に小浜町、四年に敦賀町で一揆が起きた。最も飢饉が深刻になった七年には一揆や騒動は起きていないが、敦賀町での米価は、天明四年に米一俵の値段が銀五十四匁であったのに対して、天明七年六月から七月は、六十一匁二分の高値となっている。納田終村においても夫食つまり食料米に行き詰まり、藩に五十俵の拝借を願い出た。

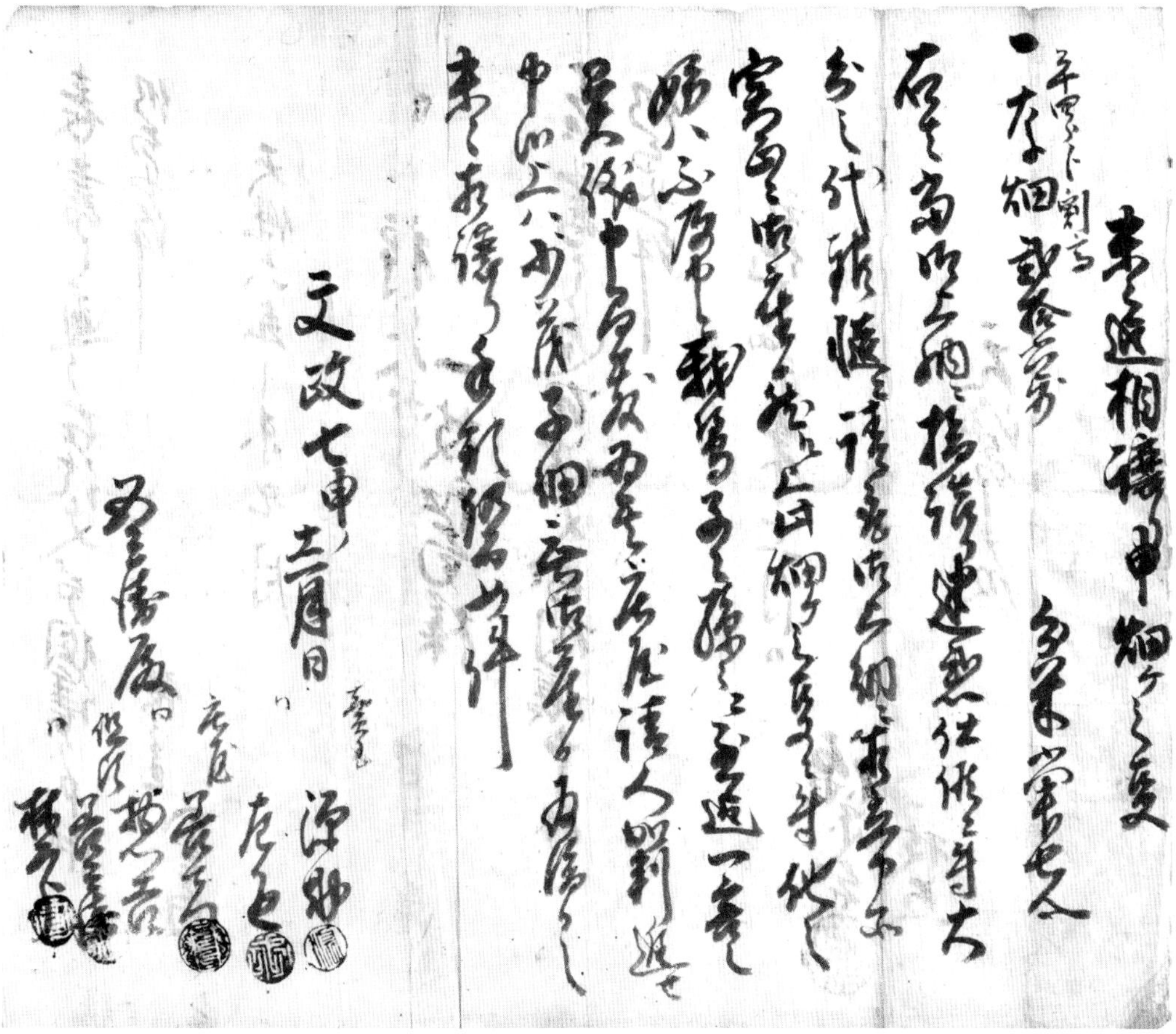

十八　文政七年（一八二四）十二月　末々迠相譲リ申畑ヶ之叓（資料番号31）

末々迠相譲リ申畑ヶ之叓

平四郎分割高

一な畑　弐拾六歩　　分米六升七合

右は当御上納ニ指詰リ迷惑仕候ニ付右
分之代銀慥ニ請取御上納ニ相立申所
実正ニ御座候然ル上此畑ヶ之叓ニ付他之
妨ハ不及申候我等子々孫々ニ至迠一言之
叧儀申間敷為其庄屋請人加判進セ
申候以上ハ少茂子細無御座候為後日之
末々相譲リ手形仍而如件

文政七申

十二月日

賣主　源助㊞
同　左近㊞
庄屋　善右衛門㊞
同　惣吉
組頭　善兵衛㊞
同　林二郎㊞

五兵衛殿

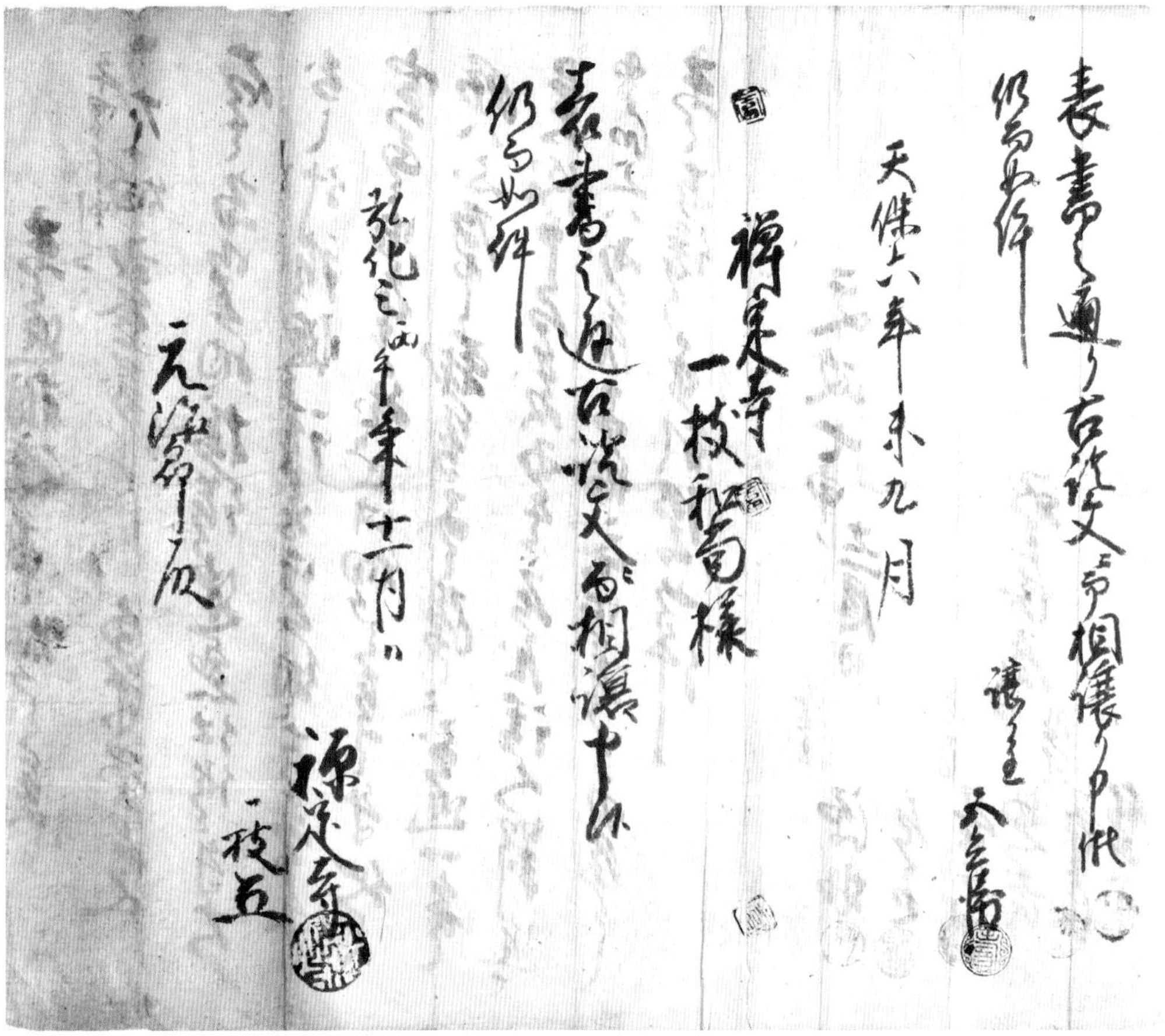

表書之通リ古證文ニ而相譲リ申候
仍而如件
譲リ主
五兵衛㊞
天保六年未九月
禅定寺
一枝和尚様
表書之通古證文ニ而相譲申候
弘化三丙午年十一月日
禅定寺㊞
一枝（花押）
元治郎殿

＊源助と左近が文政七年にな（菜カ）畑を五兵衛に売却した証文の裏に、五兵衛が天保六年に元治郎に同じな畑を譲渡した時の証文を書いている。証人として禅定寺一枝和尚が署名捺印と花押をしている。裏書き証人として庄屋ではなくて禅定寺和尚が署名捺印していることは、この土地が禅定寺に関係し、五兵衛が禅定寺旦那であった事によると考えられる。

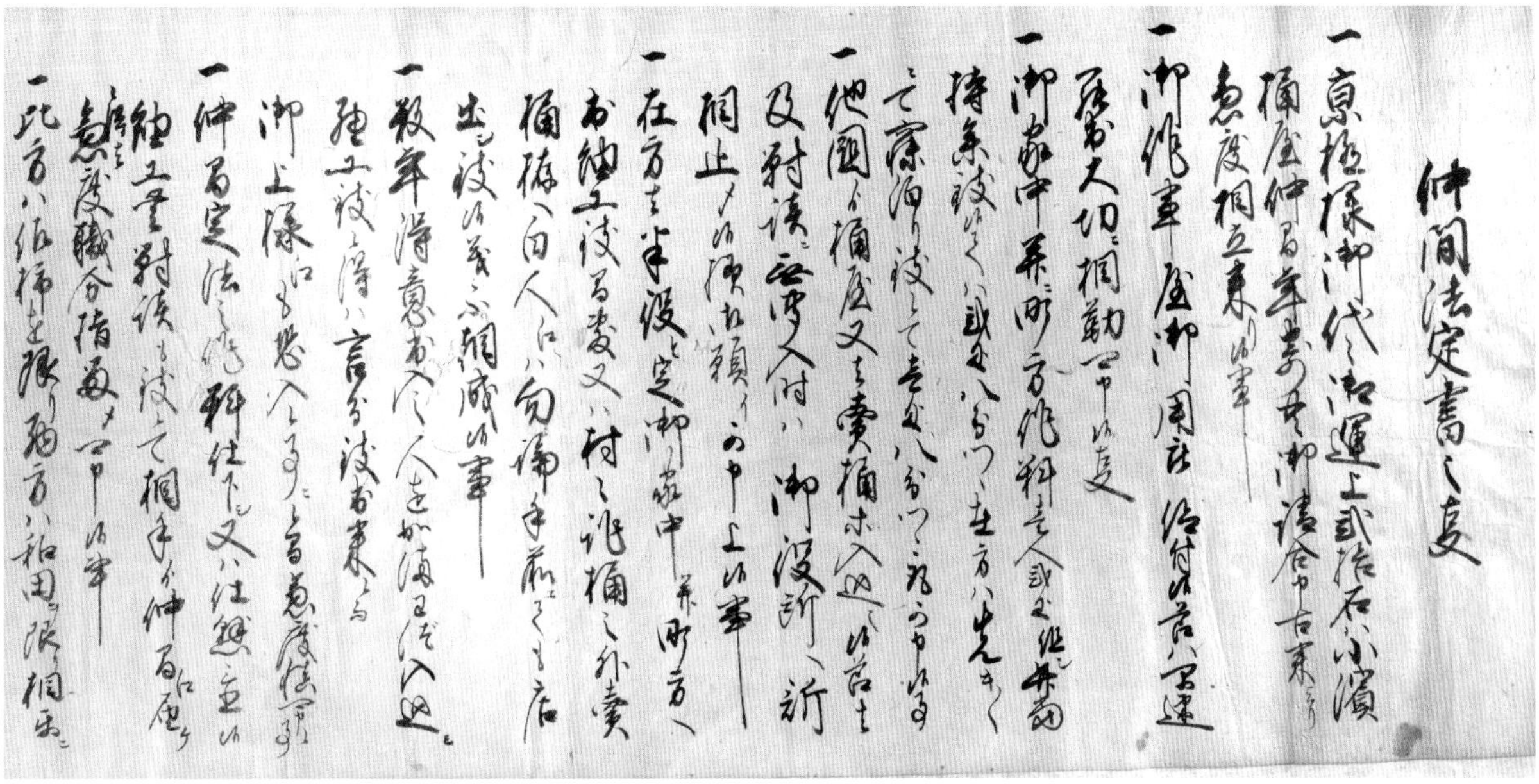

## 十九　天保四年（一八三三）十一日
## 仲間法定書之叓

（資料番号41）

仲間法定書之叓

一京極様御代々御運上弐拾石ハ小濱
桶屋仲間年寄共御請合申古来与リ
急度相立来リ候事
一御作事屋御用被　仰付候節ハ早速
罷出大切ニ相勤可申候叓
御家中并ニ町方作料壱人弐匁但シ弁当
持参致候てハ弐匁八分ツ、在方ハ先キ〳〵
ニ寐泊リ致し候て壱匁八分ツ、取可申候事
一他國ゟ桶屋又は賣桶等入込ミ候節は
及對談ニ無聞入時は　御役所へ訴
相止メ候様御願イ可申上候事
一在方は半役と定御家中并町方へ
出細工致間敷又ハ村々誂桶之外賣
桶拵へ白人江ハ勿論手前ニても店
出シ致候義不相成候事
一数年得意出入之人をかまわづ入込
細工致候得ハ言分致出来ニ而
御上様江も恐入候事ニ候間急度慎可申候事
一仲間定法之作料仕下シ又ハ仕懸置候
細工無對談も致候て相手ゟ仲間江届ヶ
候得共
急度職分指留メ可申候事
一此方ハ佐柿を限リ西方ハ和田ヲ限リ相互ニ

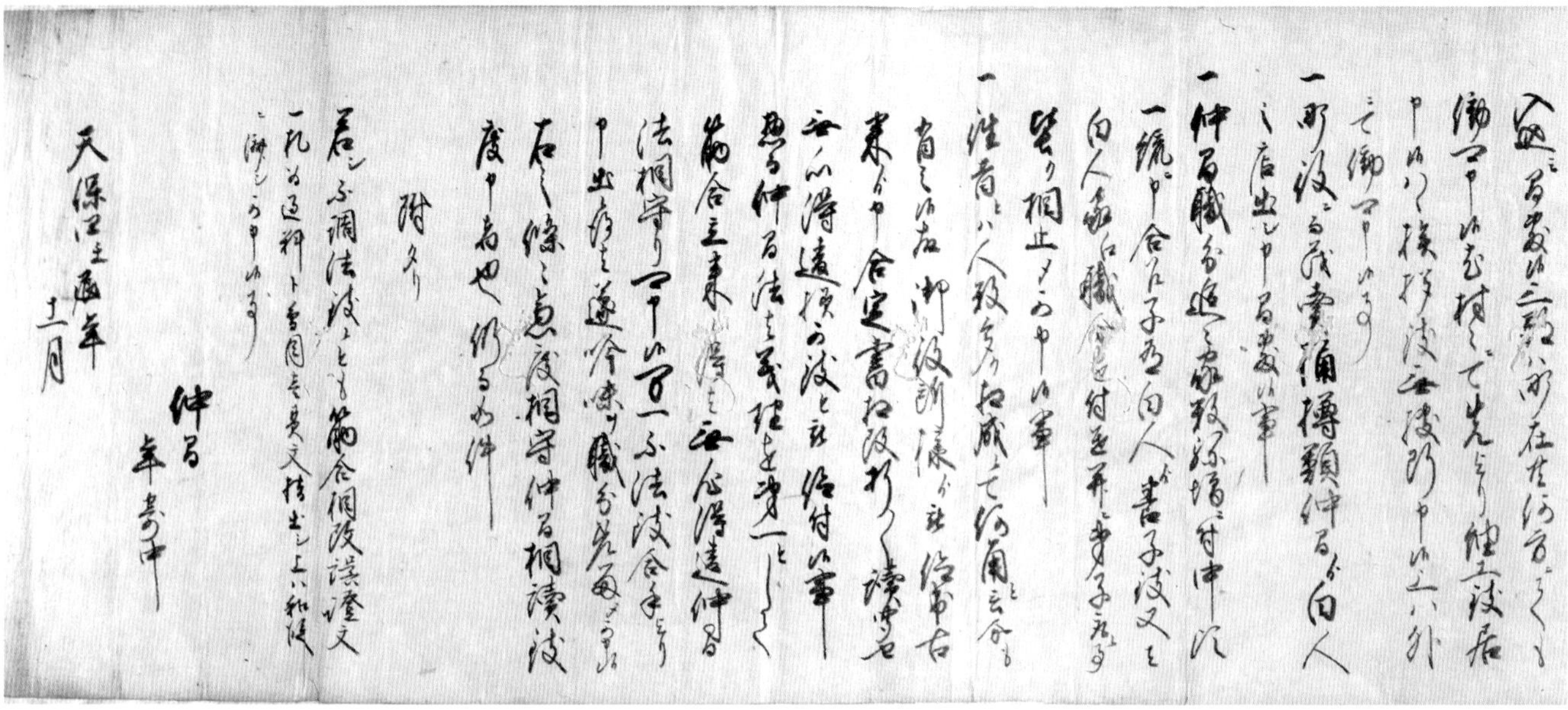

入込ミ間敷候三郡ハ町在方何方ニても
働可申候尤村々ニて先与リ細工致居
申候ハ、挨拶致無據断申候上ハ外
ニて働可申候事
一町役ニ而茂賣桶樽類仲間ゟ白人
之店出シ申間敷候事
一仲間職分追々家数弥増ニ付中頃
一統ニ申合乍子有白人ゟ養子致又は
白人家江職分を付置并ニ弟子取候事
堅ク相止メ可申候事
一往昔とハ人数多ク相成候て何角と言分も
有之候故　御役所様ゟ被仰出古
来ゟ申合定書相改折〳〵讀聞セ
無心得違様可致と被　仰付候事
惣而仲間法は義理を第一として
筋合立来候得は無心得違仲間
法相守リ可申候万一不法致合手与リ
申出候得は遂吟味ヲ職分差留メ可申候
右之條々急度相守仲間相續致
度申者也仍而如件
附タリ
若シ不調法致候とも筋合相改誤證文
一札為過料ト鳥目壱貫文指出シ上ハ和談
ニ済シ可申候事

仲間
年寄中
天保四壬巳年
十一月

*小浜町における桶屋仲間の定め書きである。他国からの桶屋および桶売りの排除を藩に要望している。その他に、在方の桶屋は半役として桶屋仲間の藩への運上などの役負担を半分としているが、藩士や町方へ出張しての桶造りは勿論村々での注文の外に販売用桶を作ることを禁止し、「白人(しろうと)」すなわち素人は勿論自前の店もしてはならないとしている。小浜の桶屋仲間の勢力範囲が、小浜町を中心に三方郡佐柿と大飯郡和田の間の地域をその勢力範囲としていることが示されている。

　また、小浜の町でも白人による出店は禁じられ、仲間でも地子がいるのにも関わらず白人を養子にして桶屋をさせることを禁じている。こうした仲間規制の必要が、最後の箇条にあるように、桶屋職人の人数が多くなっていることを理由としている。

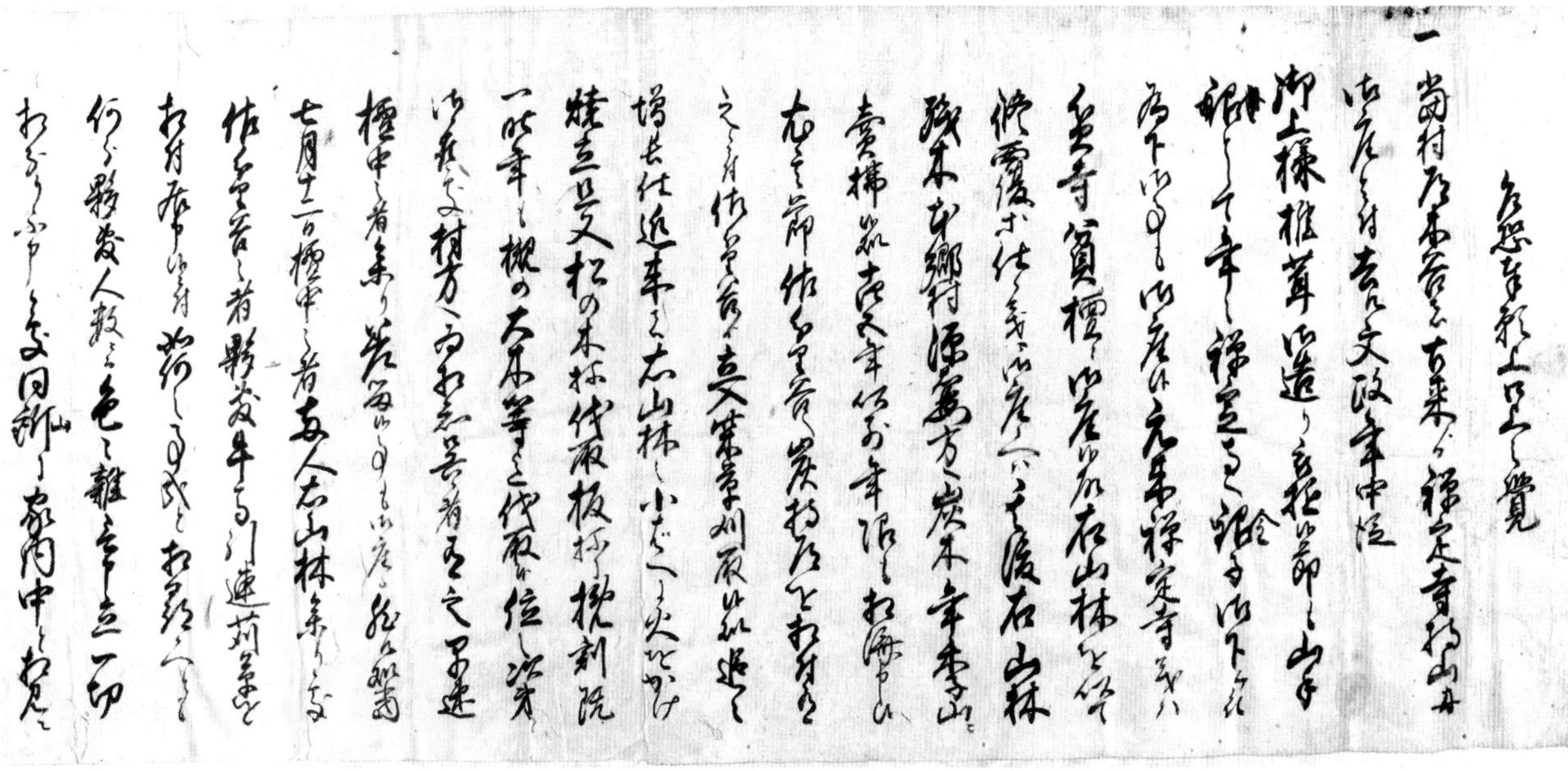

## 二十　嘉永三年（一八五〇）九月
## 乍恐奉願上口上之覺

（資料番号４９）

乍恐奉願上口上之覺

一当村道木谷者古来ゟ禅定寺持山に
御座候ニ付去ル文政年中従
御上様椎茸御造リ被遊候節も山手
銀として年々禅定寺へ銀《金》子御下ヶ被
為下御事も御座候元来禅定寺義ハ
貧寺貧檀ニ御座候故右山林を以て
修復等仕候義ニ御座候へハ其後右山林
残木本郷村源右衛門方へ炭木年季山ニ
賣拂候処十四五年以前年限も相済申候
尤其節佐分里谷へ炭持道を相付有
之ニ付佐分里谷ゟ立入柴草刈取候処追々
増長仕近年者右山林之小ばへに火をかけ
焼立且又松の木抔伐取板抔に曳割既
一昨年も槻の大木等迠伐取候位之次第
御座候處村方へ為相知呉候者有之早速
檀中之者参リ差留候事にも御座候然ル処当
七月十二日檀中之者両人右山林参リ候處
佐分里谷之者夥敷牛馬引連苅草を
相付居申候ニ付如何之事哉と相尋候へとも
何分夥敷人数ニ而色々雑言申立一切
相分リ不申候處同所《山》に家内中と相見ニ

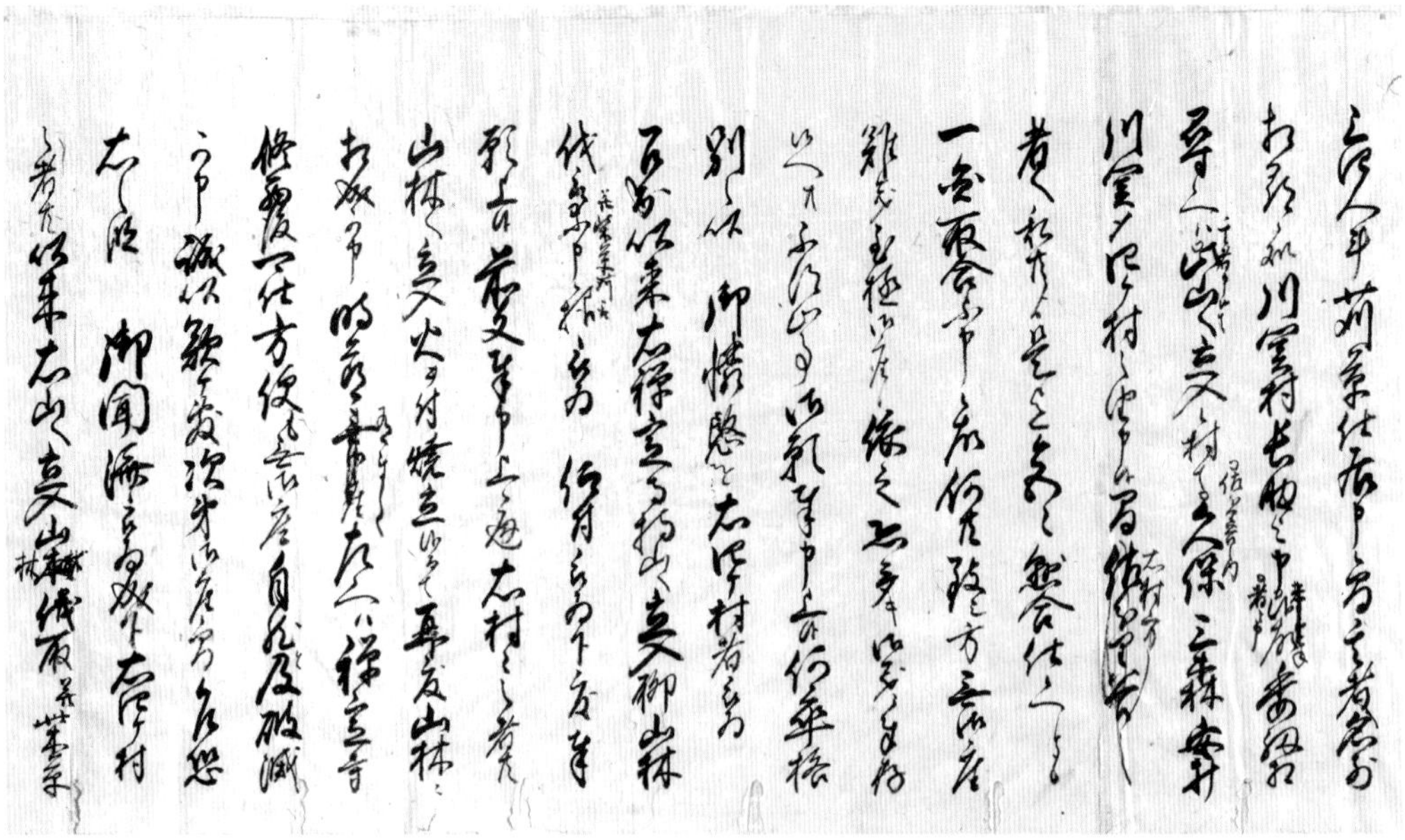

三四人斗苅草仕居申候間其者名前
相尋候処川関村長助与申○《者□□年》候故委細相
○者与申
尋候へハ○《其者申候は》此山へ立入候村は○《○佐分里谷之内》久保二森安井
川関〆四ヶ村之由申候間佐分里谷《右村方ノ》之
者へ私共ゟ是迠色々懸合仕候へとも
一圓取合不申候故何共致シ方無御座候
難義至極御座候依之恐多キ御義ニ奉存
候へ共不得止事御願奉申上候何卒格
別之以　御憐愍を右四ヶ村者被為
召出以来右禅定寺持山へ立入聊山林
伐取○《并柴草苅取》不申候様被為　仰付被為下度奉
願上候前文奉申上候通右村々之者共
山林へ立入火ヲ付焼立候而は再度山林
相成可申時節無《有ましく》御座左候へハ禅定寺
修覆可仕方便も無御座自然と及破滅
可申誠以歎ヶ敷次第御座候間乍恐
右之段　御聞済ニ被為成下右四ヶ村
之者共以来右山へ立入山本《村》伐取并ニ柴草林

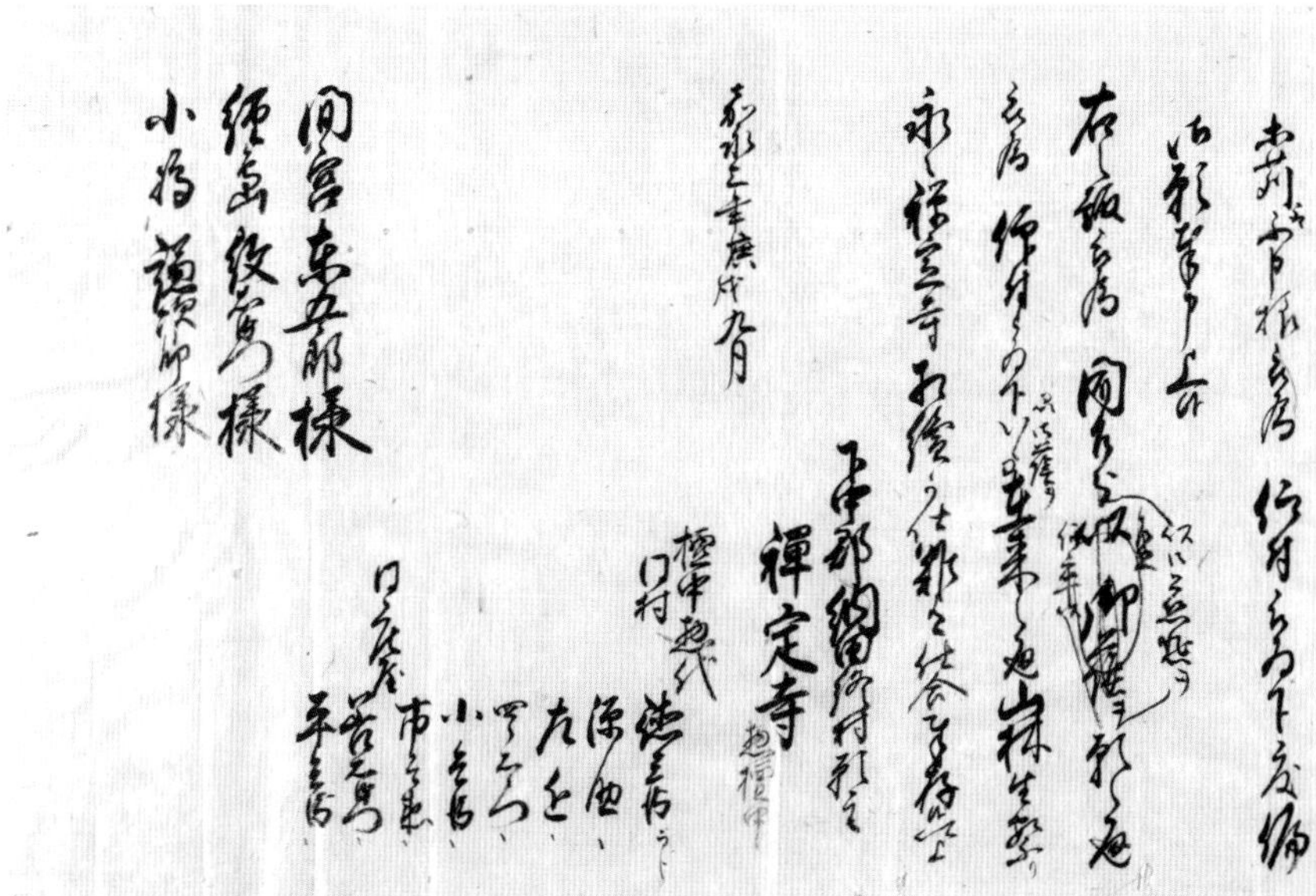

等苅取不申様被為　仰付被為下度偏
御願奉申上候
右之趣被為　聞召分以《乍恐以御慈ヲ》御蔭ヲ願之通
被為　仰付被為下ハ、《何卒以》○《以御蔭ヲ》在来之通山林生繁リ
永々禅定寺相續可仕難有仕合奉存候以上
下中郡納田終村願主
禅定寺
惣檀中
嘉永三年庚戌九月
檀中惣代
同村　徳兵衛印
源　助〃
左　近〃
四郎右衛門〃
小　兵　衛〃
市兵衛　〃
同庄屋
善右衛門〃
平兵衛

間宮東五郎様
経島紋右衛門様
小嶋謙次郎様

＊禅定寺惣檀中から小浜藩役所に宛てた佐分利からの不法な柴草刈りを防ぐことを願い出た書の下書きである。この文中には、小浜藩が禅定寺の山で椎茸栽培を行っていたこと、佐分利谷への道が作られたことが記されている。

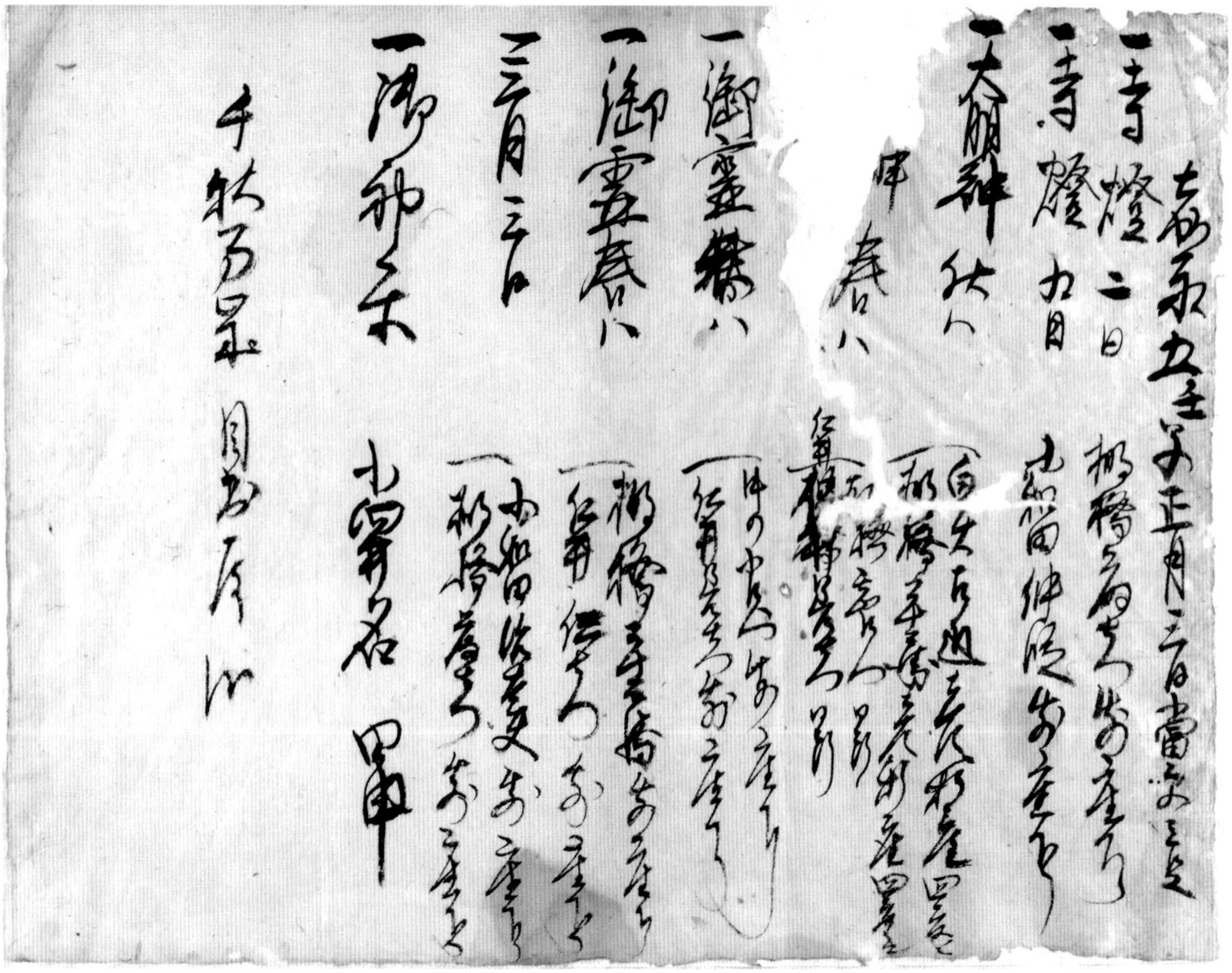

## 二十一　嘉永五年（一八五二）正月三日　當文之叓

（目録番号55）

嘉永五壬子正月三日當文之叓

一寺燈二日　棚橋藤右衛門前座下リ

一寺燈九日　小和田仲段前座下リ

一大明神秋ハ　白矢左近彦新座四度之

棚橋平兵衛彦新座四度之事

一□□（大明）神春ハ　□（棚）橋甚左衛門　同断

仁井棚橋善右衛門　同断

一御霊秋ハ　中の小左衛門前座下リ

仁井善右衛門前座下リ

一御霊春ハ　棚橋平兵衛前座下リ

仁井仁右衛門前座下リ

一三月三日　小和田次太夫前座下リ

棚橋藤右衛門前座下リ

一御神楽　小向井名　田中

千秋万歳目出度候

＊「當文之事」は、加茂神社で三月二日と十月二日に、納田終の各集落が参加しておこなわれる、「文出し」という秋祭りと春祭りの当屋をくじ引きで決める行事の記録である。くじ、は宮司が紙の紙縒で作り、三方に載せたくじを集落の宮当番が引く。初めに集落を決めるくじを引き、次に集落の氏子が順に読み上げられて当たるまで続けられる。

毎年の「當文の事」というくじで当たった当屋の名前が書かれた記録が、嘉永五年から昭和三十九年までが遺されている。

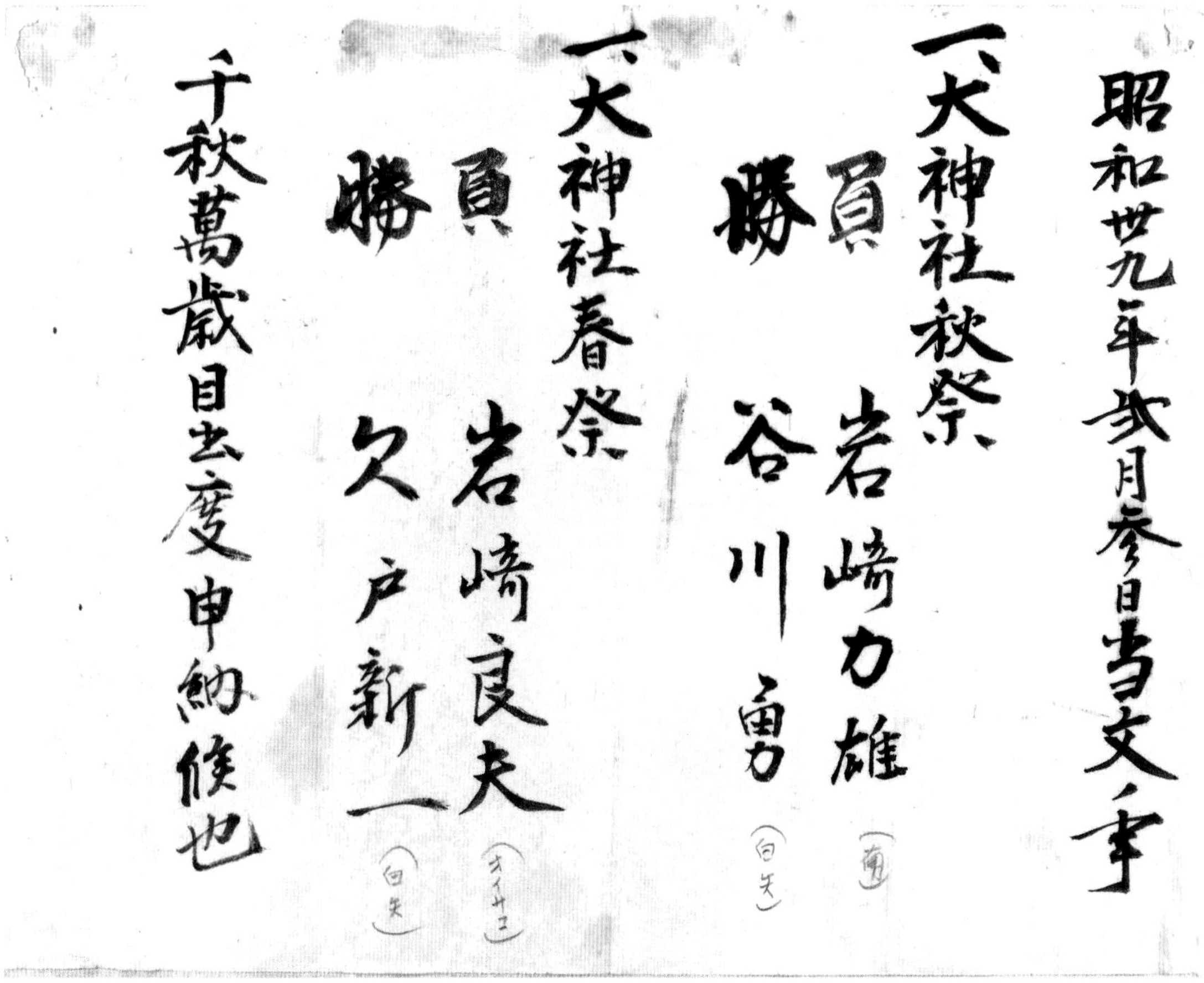
昭和卅九年弐月参日当文ノ事
一、大神社秋祭
負　岩崎力雄　（南）
勝　谷川　勇　（白矢）
一、大神社春祭
負　岩崎良夫　（オイサコ）
勝　欠戸新一　（白矢）
千秋萬歳目出度申納候也

## 二十二　昭和三十九年（一九六四）二月三日　当文ノ事　（目録番号５５）

昭和卅九年弐月参日当文ノ事

一、大神社秋祭

　負　岩崎力雄　（南）

　勝　谷川　勇　（白矢）

一、大神社春祭

　負　岩崎良夫　（オイサコ）

　勝　欠戸新一　（白矢）

千秋萬歳目出度申納候也

＊昭和三十九年の「当文ノ事」には、嘉永五年と異なって「大神社」加茂神社秋祭と春祭しか記載されていない。また、「勝」と「負」という文字が記入されている。これは、三月二日におこなわれる「芝走り」という、新たにくじで当屋となった者から、芝（榊）を当屋の身内の者が舞殿の前で受け取り、参道の先にある元の神社があったとされる二本の大杉のところまで競争して、勧請綱の外に芝を先に投げた方が「勝」、遅れた者が「負」となる競走事の結果を示している。勝った方は「餅つくり当屋」、負けた方は「注連縄づくり当屋」となる。

　當文之事は、嘉永五年と昭和三十九年とでは、記載事項が異なる。ここでは、簡単に変遷があることを示しておく。明治十七年には「正月廿八日　当作人　宮こもり」が加わる。明治十八年に、「大明神」が「大神社」、「御霊」が「川上神社」となり、二十年に「川上神社」が「善積社」と変わっている。大正三年は大きく変化して、大神社の秋祭と春祭のみとなっている。また、大正六年には、旧正月三日の旧がなくなり、新暦に祭事が行われるようになった。明治時代の変化についての契機はまだ判然としないが、大正時代の変化は神社合祀と関わりを考える必要があると思われる。

# 加茂神社宮司谷川左近家文書目録

| 資料番号 | 写真番号 | 年月日 | 西暦 | 文書名 | 差出 | 宛名 | 備考 | 収録 |
|---|---|---|---|---|---|---|---|---|
| 1 | 15 | 正中2年／文政13年写 | 1325／1830 | 若狭国名田庄上村之内 神前服記量 | 対馬守平朝臣判 | 御第五天皇御宇神日領主土御門殿 | | Ⅱ：p522／Ⅰ：p209／「県」p875（1） |
| 2 | 13 | 明徳3年6月3日 | 1392 | 〔伝足利義満泰山府君都状〕 | | | 偽書か | Ⅰ：p475／p558／県p875（2） |
| 3 | 72 | 応永4年6月23日 | 1397 | 〔沙門道義都状〕 | | | 後欠。三万六千神祭か | Ⅰ：p475／p556／県p876（3） |
| 4 | 74 | 応永15年7月29日 | 1408 | 〔沙弥道孝泰山府君祭都状〕 | | | 斯波道孝（義教） | Ⅰ：p475／p557／県p877（5） |
| 5 | 10 | 応永33年8月／長享2年2月12日 | 1426／1488 | 〔犬追物故実写〕 | 道秀在判・其長在判 | 小笠原前備後入道・新開佐渡入道・七条林入道 | | |
| 6 | 77 | 文明14年 | 1482 | 〔平平貞泰山府君祭都状〕 | 平朝臣平貞 | | | Ⅰ：p475／p557／県p877（6） |
| 7 | 75 | 文亀元年閏6月20日 | 1501 | 〔橘氏泰山府君祭都状〕 | | | | Ⅰ：p475／p557／「県」p877（7） |
| 8 | 16 | 永正10年3月3日 | 1513 | 〔禁制写〕 | 対馬守平朝臣判・美濃守藤原朝臣判 | | | Ⅰ：p162／「県」p878（8） |
| 9 | 284 | 永正10年3月3日 | 1513 | 禁制 | | | | |
| 10 | 2 | 元亀3年10月17日 | 1572 | 〔増福寺仏像勘定書〕 | | | 上村納田終増福寺御本尊并日光月光十二神立作申次第事 | 「県」p878（9） |
| 11 | 42 | 天正6年4月11日～天正7年 | 1578 | 〔天正六・七年具注暦〕 | | | | |
| 12 | 73 | 天正9年5月吉日 | 1581 | 〔某都状案〕 | | | | Ⅰ：p475／p557／「県」p879（10） |

| | | | | | | | | |
|---|---|---|---|---|---|---|---|---|
| 13 | 14 | 天正11年4月27日 | 1583 | 〔天変勘文案〕 | 土御門久脩 | | | Ⅰ：p164／「県」p879（12） |
| 14 | 41 | （戦国） | | 〔具注暦暦注書〕 | | | | |
| 15 | 76 | （戦国） | | 〔源義重泰山府君祭都状〕 | | | 斯波義重＝義教、応永五年か | Ⅰ：p475／p558／「県」p876（4） |
| 16 | 78 | （戦国） | | 〔某泰山府君祭都状〕 | | | | 「県」p879（11） |
| 17 | 無番 | （寛永2年7月25日） | 1625 | 〔土御門泰重漢詩〕 | | | | |
| 18 | 45 | 元禄6年4月15日 | 1693 | 分田内平検地帳／分田河原畑内平検地帳 | | | 冊子 | Ⅰ：p146 |
| 19 | 22 | 享保17年5月9日 | 1732 | 天地伝 | 岡正勝敬写之 | | | |
| 20 | 25 | 享保18年 | 1733 | 〔有宣公在郷時知行田畠註文書につき覚〕 | 玉泉坊住僧音識 | | | |
| 21 | 30 | 宝暦2年12月 | 1752 | 売渡之申惣山本物加リ之事 | 九郎右衛門（印）・次郎作（印）・清四郎（印）他計17人 | 清次郎殿 | | |
| 22 | 12 | 宝暦6年 | 1756 | 乍恐奉願口上之覚（仲間入につき） | 納田終村願主 惣内 印・兵左衛門 印・彦左衛門 印・（次郎カ）太夫 印・右馬 印・意左衛門 印・弥平次 印。重左衛門 印・新左衛門 印 | 折井九兵衛様・小嶋氏伝次様・柏屋勘兵衛様 | | Ⅰ：p146／Ⅱ：p523—525／「県」p880（13） |
| 23 | 33 | 明和8年9月3日 | 1771 | 家来永代證文之事 | 玉泉坊現住（印）法印栄能（略押）・請人孫兵衛・庄屋次郎太夫（印）・同断次郎左衛門（印） | 清次郎方江 | | |
| 24 | 295 | 安永？3月 | 1772～1781 | 〔祈願宝剣絵札〕 | | | | |
| 25 | 31 | 天明7年5月 | 1787 | 乍恐奉願御夫食之事 | 名田庄納田終村願主庄屋右馬・同左近 | 片山孫八様・本多小兵衛様 | | |
| 26 | 91 | 寛政3年8月2日 | 1791 | 従御公儀御触書之写（土御門家陰陽道支配につき東叡山添簡） | 日光山 龍王院 恵恩院 | | | |
| 27 | 296 | 文化元年8月15日 | 1804 | 〔長床建立棟札〕 | | | | |
| 28 | 18 | （文化元年） | 1804 | 〔晴明八百年祭につき告文〕 | | | 「来丑年八百年回神忌」 | |
| 29 | 291 | 文化4年極月吉日 | 1807 | 〔祈祷修法札〕 | | | | |
| 30 | 289 | 文化10年11月朔日 | 1813 | 〔護摩修法札〕 | 玉泉坊 | | | |
| 31 | 34 | 文政7年12月 | 1824 | 末々迄相譲り申畑ケ之叓 | 売主源助（印）・同左近（印）・庄屋善右衛門（印）・同惣吉・組頭 善兵衛（印）・同林五郎（印） | 五兵衛殿 | 裏面：天保6年・弘化3年の譲り連券 | |
| 32 | 294 | 文政9年8月吉日 | 1826 | 〔泰山府君祠棟札〕 | | | | |
| 33 | 52 | （文政11年）8月8日 | 1828 | 口達（御当家格別の由緒につき帯刀の事） | 土御門殿家司（印） | 谷川左近殿 | | 「県」p884（16） |

| | | | | | | | | |
|---|---|---|---|---|---|---|---|---|
| 34 | 79 | 文政11年8月8日 | 1828 | 許状 | 土御門殿家司（印） | 若州下中郡名田庄納田終谷川左近とのへ | | |
| 35 | 82 | 文政11年8月8日 | 1828 | 〔安家入門許状〕 | 司天家執事 | 若州下中郡名田庄納田終谷川左近とのへ | | 「県」p883（14） |
| 36 | 85 | 文政11年8月 | 1828 | 安家神拝式 | | 若州下中郡名田庄納田終谷川左近とのへ | | |
| 37 | 19 | 文政13年正月1日 | 1830 | 定（千寿万歳職につき） | 土御門殿陰陽道御役所（印） | 尾州知多郡大高村 触頭 平野市正 | 端裏「山濃内長福太夫」 | I：P212 |
| 38 | 51 | （天保3年）正月 | 1832 | 〔一昨年京都大地震につき上納礼トシテ免状〕 | 土御門殿家司（印） | 谷川左近殿 | 一昨年京都地震は文政13年京都地震 | |
| 39 | 26 | 天保3年6月 | 1832 | 御寄進三会講仕方書帳（泰山府君社再建につき） | 願主 谷川左近・世話人中・役人中 | | | |
| 40 | 81 | 天保3年 | 1832 | 〔御家傳木綿手繦許状〕 | 土御門殿 家司 | 谷川左近殿 | | |
| 41 | 39 | 天保4年11月 | 1833 | 仲間法定書之叓（桶屋仲間につき） | 仲間年寄中 | | | |
| 42 | 36 | 天保4年極月 | 1833 | 無尽質入手形証文之事 | 借主 下久保（印）・庄屋五兵衛（印）・同 右右衛門（印） | 仁井邑 善右衛門殿 | | |
| 43 | 6 | 天保5年9月吉日 | 1834 | 日本国神集文 | 安倍性谷川氏 六位白富門敬印 | | 資料番号80に一括 | |
| 44 | 83 | 天保10年 | 1839 | 選方明鑑 全 | 平安藤村南峯信安著述 | | | |
| 45 | 32 | 天保13年10月 | 1842 | 末々迄相譲り申畑之事 | 売主村中 庄屋右馬（印）・同善右衛門（印）・年寄惣代平兵衛（印）・同中照 | 白矢村 清兵衛殿 | | |
| 46 | 17 | 天保14年6月吉日 | 1843 | 種々善吉日目録事 | 祈主六位上安倍性流 谷川富門 | | | I：p220／221 |
| 47 | 90 | 天保14年6月吉日 | 1843 | 〔祝詞神文〕 | 六位上谷川富門 | | | |
| 48 | 35 | 嘉永2年12月 | 1849 | 借用申祠堂銀之事 | 借主 清兵衛・庄屋善右衛門（印）・同平兵衛（印） | 禅定寺様 | | |
| 49 | 37 | 嘉永3年9月 | 1850 | 乍恐奉願上口上之覺（山林伐採につき） | 下中郡納田終村願主禅定寺惣檀中 檀中惣代 同村徳兵衛 以下計8人 | 間宮東五郎様・経島紋右衛門様・小嶋謙次郎様 | | I：p196 |
| 50 | 64 | （嘉永4年） | 1851 | 〔内侍所仮殿御下賜につき達〕 | 土御門殿御神忌御用掛（印） | 谷川左近殿 | | |
| 51 | 53 | （嘉永5年）閏2月 | 1852 | 〔晴明霊社八百五十年忌につき書状〕 | 土御門殿家司（印） | 若州谷川左近殿 | | |
| 52 | 20 | 嘉永5年 | 1852 | 略記（晴明霊社八百五十年祭につき） | 土御門殿 福寿講中・月参講中 | | | |
| 53 | 21 | 嘉永5年 | 1852 | 略記（晴明霊社八百五十年祭につき） | 土御門殿 福寿講中・月参講中 | | | |
| 54 | 43 | （嘉永5年） | 1852 | 〔晴明御霊社八百五十回御神忌につき下知状〕 | 若杉陰陽小允保田花押・星合終里博花押・皆川将曹亀花押他四名 | 若州名田庄歴代谷川左近殿 | | |

| | | | | | | | | |
|---|---|---|---|---|---|---|---|---|
| 55 | 98 | 嘉永5年～昭和39年 | 1852～1964 | 當文之事 | | | | |
| 56 | 56 | （嘉永6年）10月25日 | 1853 | 〔土御門晴雄将軍宣下参向につき達〕 | 土御門殿家司（印） | 名太庄谷川左近殿 | | |
| 57 | 28 | 嘉永7年正月 | 1854 | 乍恐奉願上口上之覺（泰山府君社再建につき） | 下中郡納田終村 願主 左近（印）・庄屋 平兵衛（印）・徳兵衛（印） | 高瀬又左衛門様・堀口友左衛門様・小山田四郎左衛門様 | | 「県」p883（15） |
| 58 | 69 | （嘉永7年）4月12日 | 1854 | 〔関東代替天曹地府大祭執行につき書状〕 | 土御門殿家司（印） | 谷川左近殿 | 家定天曹地府祭 | |
| 59 | 63 | 寅（嘉永7）5月 | 1854 | 覚（金百疋献上につき） | 土御門殿家司（印） | 谷川左近殿組中 | | |
| 60 | 286 | 安政2年 | 1855 | 〔泰山府君祠棟札〕 | 寄附惣村中 | | | |
| 61 | 49 | （安政2）4月3日 | 1855 | 〔陰陽道調査の為三上大炊出役につき書状〕 | 土御門殿家司（印） | 谷川左近殿 | | |
| 62 | 61 | （安政2年）6月29日 | 1855 | 〔出役予定変更につき書状〕 | 三上大炊 | 谷川左近殿 | | |
| 63 | 60 | （安政2年）7月10日 | 1855 | 〔本社正遷宮出役につき達〕 | 土御門殿家司（印） | 谷川左近殿并遠敷御配下中 | | |
| 64 | 66 | （安政2年）8月9日 | 1855 | 〔遷宮儀式執行につき書状〕 | 三上大炊 | 谷川左近殿 | | |
| 65 | 88 | （安政2年）8月15日 | 1855 | 先触（遠敷表・納田終陰陽道取調につき） | 土御門家三上大炊（印） | 遠敷表ゟ納田終追 村役人中 | | |
| 66 | 285 | 安政2年8月18日 | 1855 | 〔泰山府君祠棟札〕 | | | | |
| 67 | 46 | 安政2年8月 | 1855 | 〔安鎮祭文〕 | 三上源在道 | | | I：p210 |
| 68 | 87 | 安政2年8月 | 1855 | 〔泰山府君社祭文〕 | | | 後欠 | |
| 69 | 65 | （安政2年？）8月26日 | 1855 | 〔泰重卿詩表装返却・鯖献上につき書状〕 | 三上大炊 | 谷川左近殿 | | |
| 70 | 70 | （安政2年）11月6日 | 1855 | 〔新内裏造営大祭執行につき書状〕 | 三上野大目 | 谷川左近殿并谷市右衛門殿 | | |
| 71 | 55 | （安政2年）12月8日 | 1855 | 〔神駒犬下付につき書状〕 | 三上野大目 | 谷川左近殿 | | |
| 72 | 67 | 巳（安政4年）正月 | 1857 | 覚（越前、江州日野へ罷越につき） | 土御門殿陰陽道御役所（印） | 若州名田庄谷川左近 | | |
| 73 | 68 | （安政4年？）10月15日 | 1857 | 証（両種献上落掌につき） | 三上野大目 | 谷川左近様 | | |
| 74 | 96 | （安政4年） | 1857 | 〔泰山府君社再興記録綴〕 | | | 冊子 | I：p159／p162／p210～p211 |
| 75 | 50 | 安政5年2月 | 1858 | 証（上京参殿ノ際扶持持方下付につき） | 土御門殿家司（印） | 若州名田庄納田給村谷川左近殿 | | |
| 76 | 54 | 安政5年2月 | 1858 | 〔泰重郷直筆鑑定書〕 | 若杉陰陽陽少允保申花押 | 若州遠敷下中郡名田庄谷川左近殿 | | |
| 77 | 62 | 安政5年2月 | 1858 | 〔土御門家家司・役人一覧〕 | | | 折紙 | |
| 78 | 29 | 元治元年6月 | 1864 | 書入申右高無尽質入之事 | 質入主 善兵衛（印）・請人 藤左衛門（印） | 御会所衆中様 | | |
| 79 | 47 | 慶應2年2月 | 1866 | 〔土御門家家司・役人一覧〕 | | 谷川左近殿 | 家司・用人・近習等の役職氏名 | |

| | | | | | | | | |
|---|---|---|---|---|---|---|---|---|
| 80 | 4 | （江戸時代） | | 〔包紙〕（土御門家神拝式） | | | 資料番号43・99を包む | |
| 81 | 57 | （江戸時代） | | 〔御墓所御造営料包紙〕 | | | | |
| 82 | 80 | （江戸時代） | | 〔土御門家御授與螢火武威丸〕 | 司天家　神官所 | | | |
| 83 | 89 | （江戸時代） | | 〔土御門家丹羽泰一郎印鑑証〕 | 丹羽泰一郎 | | | |
| 84 | 94 | （江戸時代） | | 〔白銀壱枚包紙〕 | | | | |
| 85 | 97 | （江戸時代） | | 〔泰山府君・播州石宝殿・愛宕山由緒綴〕 | | | | |
| 86 | 292 | （江戸時代） | | 〔祇園社永代御膳供札〕 | 宝光院 | | | |
| 87 | 293 | （江戸時代） | | 〔広嶺社牛頭天王祈祷札〕 | | | | |
| 88 | 58 | （明治2年？）11月5日 | 1869 | 〔御本所方薨去につき書状〕 | 土御門殿家司（印） | 谷川左近殿 | 10月29日没に該当する土御門家当主不在。晴雄（公式記録明治2年10月6日）か | |
| 89 | 84 | 明治3年7月30日 | 1870 | 許状 | 土御門家　家司 | 若州下中郡名田庄納田終谷川左門とのへ | | |
| 90 | 86 | 明治3年7月30日 | 1870 | 〔若狭国陰陽道取締役申渡状〕 | 土御門家　家司 | 若州下中郡名田庄納田終谷川左門 | | |
| 91 | 93 | 明治3年7月30日 | 1870 | 〔安家入門許状〕 | 司天家　執事 | 若州下中郡名田庄納田終谷川左門とのへ | | |
| 92 | 27 | 甲午（明治3年）12月 | 1870 | 〔太政官高札〕 | 太政官 | | | |
| 93 | 48 | （明治3年）8月 | 1870 | 〔御一新ノ為呼名廃止・改名につき書状〕 | 土御門殿家司（印） | | | |
| 94 | 59 | （明治3年？） | 1870 | 御支配入官金等之次第 | | | | |
| 95 | 71 | （明治12年以降） | 1879 | 〔道元遠忌掛軸〕 | | | | |
| 96 | 287 | 明治15年9月 | 1882 | 〔加茂神社棟札〕 | | | | |
| 97 | 288 | 明治15年9月 | 1882 | 〔善積神社棟札〕 | | | | |
| 98 | 92 | 明治22年9月 | 1889 | 〔泰山府君社修禅につき奉加帳〕 | 奥名田村字納田終　神官谷川左近 | | 冊子 | |
| 99 | 5 | （明治） | 1912 | 日拝式 | 出雲大社宮司兼大教正従五位千家尊福撰 | | 資料番号80に一括 | |
| 100 | 290 | 大正10年旧11月8日 | 1921 | 〔大山祇社遷宮札〕 | | | | |
| 101 | 95 | 昭和18年7月 | 1943 | 安倍家之墓誌 | 納田終　史跡会 | | | |
| 102 | 7 | （昭和） | | 〔谷川家相続経歴〕 | 谷川萬吉 | | | |
| 103 | 1 | （昭和31年） | 1956 | 〔木箱〕 | | | 蓋裏「文学博士平泉澄先生検閲／古文書　谷川左近／昭和三十一年□□」の貼紙有り | |
| 104 | 3 | （戦後） | | 安倍（土御門）家略系図 | | | 印刷 | |
| 105 | 11 | （現代） | | 〔谷川家系譜につき覚〕 | | | | I：p209 |
| 106 | 8 | 年月日未詳 | | 〔漢詩写〕 | | | | |

| | | | | | | | | |
|---|---|---|---|---|---|---|---|---|
| 107 | 9 | 年月日未詳 | | 〔漢詩写〕 | | | | |
| 108 | 23 | 年月日未詳 | | 〔姓及び家紋由緒書〕 | 岩佐九兵衛永次判 | | | |
| 109 | 24 | 年月日未詳 | | 〔土御門久脩敬書拝見につき覚〕 | | | 「大福寺住料証明文書」の紙片付 | |
| 110 | 38 | 年月日未詳 | | 〔断簡「儀右衛門」〕 | | | 元の文書不明 | |
| 111 | 40 | 年月日未詳 | | 〔包紙「土御門家より書翰」〕 | | | | |
| 112 | 44 | 年月日未詳 | | 御家由来之事（小浜藩酒井家来歴） | | | 冊子 | |

＊「写真番号」は、おおい町暦会館提供の台帳に基づく。「資料番号」は今回報告書作成に際して年代順を原則として新たに設定した。
＊「西暦」は、該当する年の旧暦正月に相当する西暦年を示す。月日を含めた暦日換算は行っていない。
＊「収録」欄のⅠ・Ⅱは『わかさ名田庄村誌』掲載の該当頁、「県」は『福井県史資料篇9』の掲載頁を示す。
＊目録作成協力者：京都女子大学大学院　高野那菜・田口和希・藤田悠。

◉解題

# 加茂神社宮司谷川左近家文書の土御門陰陽道史料

京都女子大学文学部史学科教授　梅田千尋

## はじめに

名田庄納田終には、戦国～織豊期の土御門家三代の墓所が在る。石積みの基壇上に五輪塔が並び、中央の石碑に、「従二位安倍有宣卿・従二位安倍有春卿・従三位安倍有脩卿」の名前を刻む。

応仁の乱後地方に移った公家は多いが、その遺跡が残り、江戸時代を通じて地域の人々が積極的に維持・継承してきた例は少ない。遺跡は、誰かが意志を持って護らなければ消えてしまうものなのだ。墓所だけでなく、関連する古文書が残存することも、希有な事例である。名田庄の人々は土御門家の記憶をどのように継承していたのだろうか。

土御門家に関する史料は、当地で加茂神社神職を勤めた谷川左近家家に伝わった。その内容は、土御門家三代の名田庄在住時代から現地に伝わったものと、江戸時代後期に谷川左近家が再び土御門家と関係をもち、陰陽道組織に属した過程で蓄積された史料に二分される。以下、個別資料の解説もふまえつつ、それぞれの時代の史料とその作成の背景について紹介する。

## 一、戦国期土御門家荘園と名田庄

平安末期に記録にあらわれる名田庄は多くの村から構成された。蓮華王院が荘園本家となった鎌倉時代以降も、地区ごとに複雑な伝領過程を経て領主は変遷した。たとえば南北朝期には、田村・下村・知見・井上の村々は京都大徳寺塔頭徳禅寺の徹翁義亨のもとへ集積され、上村は土御門家、中村は京都泉涌寺、須恵野村は京都醍醐寺三宝院が支配的な領主となっていった。

このうち、名田庄上村を領した土御門家は、平安時代の陰陽師安倍晴明の直系子孫の家系である。安倍晴明は天文博士に登用され、以後晴明子孫は、賀茂氏と並び朝廷陰陽寮の陰陽頭・陰陽博士・天文博士を歴任した。源平争乱の時代に活躍し、『平家物語』にも登場する泰親も、その家名を高めた重要人物である。泰親以降は、幾つかの分流をなし一部は鎌倉にも進出した。室町時代には安倍有世が足利義満に重用され、従二位の位に就き公卿となった。観応二年（一三五一）七月二十八日に有世の父安倍泰吉に発給された「光厳上皇院宣」（宮内庁書陵部所蔵土御門家本一一一―一）で、名田庄上村が初めて安倍氏領として登場する。この史料は、名田庄上村での所領の権利を確認するものであり、これ以前の近い時期に家領となったものと思われる。文和二年（一三五三）十一月十五日に有世は、名田庄上村を長日泰山府君祭料として伝領し、土御門家は領家としてこの地を支配した。

しかし、貞治三年（一三六四）一二月四日「吉良満貞奉書」（宮内庁・土一一一―七）の段階では、新名平次郎という人物による所領への濫妨が起こっていた。以降次第に守護被官による荘園押妨が進んでいった（菅原正子　二〇一一年）。なお、土御門家という家名を名乗りはじめるのもこの時期と思われる。応仁の乱後の文正元年（一四六七）幕府は守護武田信賢に対し段銭の催促を停止、引き続き起こった応仁の乱でさらに年貢収納は困難になった。

土御門家当主の若狭下向はこの頃と考えられる。名田庄に残る永正十年（一五一三）三月三日の禁制札（谷川左近家文書資料番号9、以下谷川左近家文書は資料番号のみを記す）は当時八十一歳の有宣の在地支配を示すものであった。有宣は翌年名田庄で薨去。墓碑には「永正十一年二月十三日薨　八十二歳」とある。こうしたなか、土御門有宣・有春・有脩は名田庄上村に居留した。

有宣の弟で「子」として後を嗣いだ有春は、陰陽頭在任中の天文十三（一五四四）年に若狭下向、当時四十四歳であった。この時期、若狭にて現地の守護大名と関係を強化し、地盤を築こうとしていたのであろう。天文二十二年正月以降弘治三年（一五五七）正月までの、「武田信豊泰山府君祭都状」八通（写含む）が残る（京都府・京都学歴彩館若杉家文書三九～四六）。

永禄七年（一五六四）六月二日土御門有春「名田庄上村惣百姓借付米弁田畠質物等請文案」（若杉家文書五〇）（若杉家文書５０）では「惣百姓ら借付米銭・畠質物、徳政延公事に拘わらず支払うこと。違反した場合は、人夫銭・長夫銭・上下地蔵堂分の免除をやめ、有春卿堪忍分として知行せしめる」との内容で、直支配の内容を伝える。この時期、土御門有宣が京都と若狭を往復しながらも、名田庄に地歩を固めつつあったことがわかる。

有春は若狭下向から二十二年後の永禄九年十一月八日（一五六六）に一旦上洛するも、一月後には若狭に戻る。さらに翌年永禄十年正月二十九日再び上洛、五月に若狭下向、十月上洛と短期間に若狭と京都を往復していた。従二位にのぼり永禄十二年六月十九日、六十九歳で薨去。長く名田庄に居を構えた人物である。

その子有脩は、天文十一年閏三月十日十六歳で陰陽頭に任じられた。父に代わり京都に残った時期があったと思われる。天正元年（一五七二）十月二十三日には従三位に昇り、天正三年には京都近郊の上鳥羽村内に二十石を安堵された。天正五年（一五七七）正月一日五十一歳で薨去。天文年間の『言継卿記』には、若狭に下向していた土御門有春・有脩親子が京都では「旅宿」に滞在していたことが記されている。

こうした経緯を経て、名田庄に居住した土御門家の人々を在地の側で受け入れた痕跡が谷川家文書に残る中世史料である。慶長以前の史料は（写本・年代推定史料も含め）十三点。うち九点が、陰陽道に関連する史料で、八点が祭文・都状、一点が天変地異に関わる占文である。残りは、犬追物故実（写）・禁制（禁制は現物・写し各一点）・増福寺仏像勘定書である。

祭文・都状とは陰陽道祭に用いられる祭祀史料をいう。陰陽道祭とは、祭場を設けて幣を立て、供物を捧げて陰陽道の神々を召喚し、祭文を読み上げて願意を述べる儀式である。陰陽道祭では一般に「祭文」が作成されるが、泰山府君祭における祭祀文書は「都状」とよばれる。天上の神に届けるべく、黄紙に朱筆という特徴的な形式で仕立てられる（高田義人　二〇一八年）。谷川家文書には泰山府君祭都状が最も多く残る。

泰山府君祭は、平安時代以来の代表的な陰陽道祭であり、安倍晴明が朝廷社会に定着させた、安倍氏の陰陽道を象徴する祭祀とされる（斎藤英喜　二〇〇四年）。天変や怪異・病気祈祷・出産・攘災祭祀と様々な目的で行われたが、中国で冥界を司る神として知られる泰山府君に延命を祈願するという本来の趣旨から、基本的には延命長寿の祭祀といえよう。規模も個人的な依頼による「小泰山府君祭」から「如法」の大規模祭祀まで様々であった（木村純子　二〇一二年）。祭祀の願主が陰陽師に支払う祭料について、小泰山府君祭では「千疋・五百疋・三百疋」或いは「参千疋」で年四回分四季に催行と規模に応じるが、大祭の場合は「万疋」が要された。そもそも名田庄上村は、「長日泰山府君料所」として土御門家に付された所領であった。

　さて、前置きが長くなったが、谷川家文書の泰山府君祭六点についてみてみよう。最も古い年記を持つ①明徳三年（一三九二）六月二日付の「伝足利義満泰山府君祭都状」（資料番号2）は、文中に「謹上泰山府君都状」と記され「吉野皇居」「歳十二」などと記されているが、いずれも辻褄が合わず偽文書とみられる。ただし、挙げられている祭神名は次の史料②と共通し、特徴的である。②応永四年六月二十三日（一三九七）「沙門道義都状」（資料番号3）は後半を欠くが、「火天鞞耶尼神　水天波羅堕神…」という他に類を見ない珍しい神格が招請されていることが目を引く。これらの神名は、明徳四年に足利義満が行わせた三万六千神祭の祭神とほぼ一致し、少なくとも②史料にはそれなりの典拠があったと思われる（若杉家文書八〇）。

　③応永一五年七月二九日「沙弥道考泰山府君祭都状」（資料番号4）と③無年号の「源義重泰山府君祭都状」（資料番号15）は斯波義教（一三七一―一四一八）を願主とする都状である。④には「年廿八」とあり、応永五年（一三九八）の史料と推定される。いずれも黄紙に朱文字で仕立てられている。斯波義教は室町幕府の管領を務め、初名を義重、治部大輔・左衛門佐・右兵衛督、入道して道孝と号す。応永三年（一三九六）から五年の間に父の越前守護職を継いだとされ、④の都状は越前守護就任の頃作成されたと考えられる。その後尾張・遠江守護を兼ね、十二年七月管領に就任した。

　これら、応永年間以前の都状は、安倍（土御門）有世・有盛の時代に、室町将軍及びその周辺で行われた陰陽道祭に関わるものである。当地に泰山府君祭都状が残るのは、こうした室町将軍に対する実績を、武田氏領国において主張するためだったのかもしれない。ただし、いずれも実際に祭祀に用いられた都状とは考えにくい。なぜなら、本来の都状では願主が自筆（墨筆の場合もある）で記入することになっている署名部分が空白となっていたり、都状と同筆とみられるからである。

　⑤⑥は名田庄で作成された可能性も考えられる都状である。⑤「平平貞泰山府君祭都状」（資料番号6）の「平平貞」も⑥「橘氏泰山府君祭都状」（資料番号7）の天正九年三十七歳の「橘」もどのような人物かを知る手がかりは無い。武田・粟屋周辺の人物である可能性も含めて検討すべきであろう。これらの都状に載る招請の神々は「泰山府君・冥道諸神等」である。実際に室町幕府の泰山府君祭・天曹地府祭で使用された都状では「天官・地官・水官・司命・司禄・奉明命神」といった神々を祀る事が多い（若杉家文書四四四）。それに比べると、かなり簡素化された形式である。しかし、必要な文言は踏襲されており、一通りの陰陽道知識がなければ作成し得ない内容である。祭主は有宣であったと思われる。

　天文占も陰陽師の職掌であった。天正十一年（一五八三）四月二十七日の「天変勘文案」（資料番号13）は、同年四月十八日の天変を伝える。この日、「地から火の様な光が現れ」南北を転変し、赤く輝いて数丈にもたなびき後に白く変色したという。「奔星」とも「飛星」とも表記されることから、火球若しくは彗星を指すと思われる。『天地瑞祥志』という書を引用して吉凶の先例を占っている。これは唐もしくは新羅で編纂された変異占に関する書籍だが、中国・朝鮮半島に残存例は無い。日本では平安期以来しばしば参照されたが、現在は全二十巻のうち九巻が欠巻となっている（名和敏光編　二〇一九）。なお、本史料で引用されている箇所も逸文と思われる。失われた書籍が、この頃には土御門家にあったのだろうか。なお、該当する彗星の発生は他に記録が無く、天文学的観点からも検討の余地のある史料である。

この天文占を行ったのは、有宣の子久脩であった。久脩は織田信長に推挙されて公家成りし、天文博士の座にあった。信長は暦の統一に関心を持ち、久脩も度々諮問をうけていた。しかしこの史料の前年には本能寺の変が起こり、天変に依るまでもなく、戦火は広がっていた。奇しくも四月二十四日には柴田勝家が越前国北ノ庄城で自害、翌日には秀吉は加賀に進み前田利家・佐々成政を服属させ北陸平定を完成させていた。この勘文が誰に出されたものかは不明だが、天変を受けて吉凶を予言し、凶事を回避するための祈祷を行って天下泰平を維持するという、天文系陰陽師としての安倍家本来の職掌に基づく史料である。

天正十九年（一五九一）の検地を経て荘園制度に基づく公家の所領は整理され、土御門家は山城国内に新たな領地を与えられた。文禄四年（一五九五）、久脩は一旦豊臣政権下の京都を追放される。原因は不明だが、秀次に関与したという説が有力である。しかし、その後帰洛し、徳川家康には昵近衆として重用された。さらに江戸幕府将軍代々の天曹地府祭を勤め、朝廷と幕府と結ぶ家の一つとして定着した。慶長五年（一六〇〇）、京極高次の若狭入国に至って土御門久脩は名田庄の拠点を失った。

## 二、江戸時代の名田庄と土御門家

### （一）土御門泰重の墓所修復

酒井氏入封後、名田庄は小浜藩領に組み込まれ、土御門家との関係は途絶えた。しかし、土御門家墓所は残り、毀損されることもなく残り続けた。また、薄れつつあった土御門家三代の記憶をよみがえらせた出来事もあった。土御門久脩の子、泰重の訪問である。

土御門泰重は天正一四年（一五八六）名田庄生まれ。寛永二年（一六二五）七月に土御門久脩が死去したあと、同十六日、土御門泰重は川勝七右衛門の案内で若狭へ向け出発、十七日に納田終に着いた。この日の夜、多くの村人に迎えられ大宴会を催す。「先祖御墓所一段上方地筑石墻に仕なをさせ」という『泰重卿記』の記事から、この時土御門家墓所の修復が行われたことが分かる。泰重は「縦身雖止洛陽城　魂領故郷威命負　仙窟松風禅定地　真如妙典揔渓聲」の詩を残し、田辺の旧居に立ち寄って帰洛した。

しかしその後世代を経て再び土御門家と名田庄との関係は遠のいていった。次に両者が接近するのは、寛延二年（一七四九）十一月である。若狭遠敷郡納田終村谷川十左衛門・倅新左衛門が京都土御門家「上ノ御屋敷」に現れた。西六條西中郁の本屋孫［庄］三郎（二條様出入）紹介とあるから、それまで直接の連絡は途絶えていたようである。彼らは、土御門家墓所「旧跡」について左のように詳細に報告した。

【旧跡報告1】寛延二年「御役所日次」（若杉家文書一〇〇）十一月十三日

・十左衛門先祖は名田庄で土御門家に御心安く御出入していた。ただし「御家来節」ではない。
・名田庄の村況（三十三ケ村）・土御門家旧領は百八十石だったが、その後の新検地で三百四十石となっている。現領主は小浜藩酒井氏である。
・御旧領納田終村に壱間四面の御社がある。御神守は谷川次郎右衛門、但し御燈御供は次郎右衛門方が行う。「座入」の祭は十左衛門方からも御燈御供を差し上げる。
・御廟所は御屋敷跡から二町程西に石五輪塔が二つ在る。有脩卿御廟。泰重卿が御建立。
・土御門様の御住居について年来申伝えるには、永正十年初めて御知行になったあと、十四～五年は京都から領地を管理していたが、その後納田終村へ移住し、四〜五十年在村した。天正年中であった。但し京極宰相殿が、若狭一円の領主となったとき、京都に帰ったと伝わる。
・四寸ほどの小さな仏像のような木像を御社に納めている。
・御霊社祭礼を正月二日・九月朔日に行っている。これは「京都ノ御霊」か「土御門様御先祖ヲ祝」と伝わっている。
・納田終村氏神（加茂貴船／午頭天王）は白屋村にあり、二月二日・九月二日加茂貴船祭を行う。祭礼は二季彼岸の三日目にあり、これは牛頭天王祭である。
・納田終村庄屋は次郎右衛門・甚左衛門、年寄三郎左衛門・宮内という、その他十四、五人もあり。
・土御門様が京都へ御帰りの節四十人ほどをお仕置きされた。
・永正十年の禁制が残る。

右のうち、土御門家の知行の起点を永正十年からとしている箇所など事実と異なると思われる記述もある。しかし、土御門家が存在した痕跡が明瞭に記憶され、小祠や墓所、村の祭祀が土御門家に関連づけられている。谷川次郎右衛門家と十左衛門家が神役を務めているという記述は、谷川家が御霊川上神社（上ノ宮）神職家の上谷川と加茂社（下ノ宮）神職家・下谷川に別れていたことを示す。

ではなぜこの時期に報告がもたらされたのか。当時の土御門家当主泰邦は、宝暦改暦の実権を幕府天文方から奪う野心家であり、当時、宝暦四年（一七五四）の安倍晴明七百五十年祭に向けて、晴明にまつわる各地の社寺に働きかけていた。例えば、大和安倍山文殊院・摂州阿倍野村晴明神社・和泉信太・京都葭屋町晴明社・嵯峨野寿寧院晴明廟・伏見街道遣迎院の晴明旧墓がこれにあたる。（梅田千尋　二〇二一年）そのなかで、名田庄谷川家にも何らかの情報がもたらされたのだろう。結果、土御門家では「若州名田庄当家之旧地ニ而霊社鎮座之所ニ候　第三」と記されるに至った。ただし、この時名田庄で晴明祭が行われたかは不明である。なお、その後、晴明霊社祭は五十年ごとに行われ、文化元年（一八〇四）の八百年祭と嘉永六年（一八五三）の八百五十年祭が記録に残る。

## （二）文政九年の旧跡報告

旧跡報告から約八十年後の文政九年（一八二六）十月、再び名田庄から「旧跡」の現状と由緒に関する報告書が土御門家にもたらされた。この報告書を送ったのは、泰山府君社守の谷川左近であった。

【旧跡報告2】文政九年「土御門御殿御古跡并ニ伝来聞書由緒之事」（若杉家文書二一五一）
・白矢村に「往古御殿ノ御城跡」「泰山府君御社」（「安部大明神」とも）があり、谷川左近家が修造し守護している。さらに「御氏寺常願寺本尊地蔵尊」・「御先祖之御墓所」がある。
・御墓は谷川新左衛門が守護していたが、近年は行き届いていない。
・常願寺はかつて大寺であったが今は三間四面の御堂だけがある。例年七月二十四日に御先祖代々の施餓鬼を行っている。本尊の地蔵菩薩は近年火災に遭った。
・泰山府君御神事は、春秋節句ごとに注連縄を引き改め、供物を備えて祭っている。正・五・九月の三日月・十七夜・廿三夜、十一月十五日・節分ハ正月三ヶ日八日・十四・十五日など吉例日に祭典し、常月は朔日・十一日・廿一日に拝礼している。これらは当家が行っている。村方の氏神は賀茂・貴布祢・御霊・天王である。

・左近宅の家作はかつて土御門家当主が勘考し、吉日を撰び祈祷をしたものである。

・永正十年の御高札之写は大切に伝えており、小浜酒井家家老が参向した際に書写して提出した。

・かつて百姓等が結党して「政所」に夜討をかけた時、村人は当時名田庄に居た殿様（土御門家当主）も討とうとしていたが、左近の先祖が聞出して殿様に逃げるよう注進した。その際左近先祖に泰山府君御神体と書物を預け、守護を指示した。その時下された天文二十四年二月二十八日付の印判状を大切に持伝えている（三代前に土御門家に御覧に入れた）。泰山府君御神体・書物は恐れ多いので書物は鎮守に納めて守っていたが、悪党共が鎮守の扉を打破って少々取って逃げた。その後私宅で大切にし、他人に見せないようにしている。紛失の品の行衛については概ね聞いており、取返したいと考えている（伝承では加賀国に持ち出し、その書物を使って仕官し、加賀前田家の宝物となっているという）。

・加茂村長泉寺にも清明公之御直書が有り寺宝になっているという。名田庄から流出したものと思われる（以前京都からの使いが調べた事があるが、不明であった。問合せの書状は保持している）。

・左近方に現存する文書や足利家ゆかりの書物の写しの多くは朽ちてしまっている。

・最近京都の土御門家を尋ねて泰山府君社守を称している者は別人である。

・御殿屋敷地は除地同様で年貢も少なかったが、近年年貢を収めるようになった。

・右の由緒をもって去午（文政五年）十月廿六日に欠ケ戸五兵衛と上京し、土御門晴親に御目見えしている。その後去申（文政七年）十二月廿三日に上京して御殿御用人吉田三河之介様に申し上げ帰国した。

・先年遠敷村の杉田多膳が来て伝来の書物を見せるよう言ってきた。さらに小浜杉本院次男藤井民弥殿から、村方の御社堂について土御門家から御尋があったので何か報告するよう相談に来たという。そこで荒々書を指出すが農民となった私共ゆえ文言の前後混乱はご推読いただきたい。

・右荒々書私共先祖よりの口伝で他人には語らなかったが、何卒御先祖様の御年回・御社参を願う。

左近は、遡ること文政五年頃から度々土御門家に参殿していたという。左近以外に「泰山府君社守」を称する者が現れている、という記述があるように、この時期、何らかの問題か発生し、自身の社司としての地位を確立する必要が生じていたと思われる。実際、この後文政十一年八月に「許状」（資料番号３４）・「安家入門許状」（資料番号３５）と「安家神拝式」（資料番号３６）を授与された。

この報告で、当時既に朽ちていたという「左近方に現存する文書や足利家ゆかりの書物の写し」こそが、先に述べた一連の中世史料であろう。また、この報告によって、以前の報告で「御霊社」と記されていた社の「泰山府君社」という名称が明らかになった。左近家が「泰山府君社守護」、新左衛門は「墓守」という分担も明確になった。上下谷川家の「家作」は土御門家当主の撰日・祈祷によるものという情報も加わっている。政所襲撃事件との関係にも言及されたほか、泰山府君社の祭祀が加茂神社の祭礼とは独立した形で列挙される。

谷川左近が神職として仕えたという泰山府君社は、正徳年中に建替えられたが、天保二年（一八三一）には「大破に及」んでいたという（資料番号７４）。そこで、村では小浜藩に再興を願い入れ、検分を経て許可された。その翌年には「泰山府君社寄進参会講」（谷川家文書３９）で籤を企画し建築資金集めに着手した。しかしその後、この事業は中断した。天保四年飢饉後の打ちこわしが影響したものと思われる。弘化五年（一八四八）には「仮屋」が建てられたが、本格的な着工には至らなかった。

### （三）泰山府君社再興

墓所・泰山府君社の造営が再開されたのは、天保の再興願いから二十三年後の嘉永五年（一八五二）であった。なお、この年の造営再開にも安倍晴明八百五十年祭との関わりが考えられる。一見関連を見いだしにくいかもしれないが、両者の関係について谷川家文書から読み取ってみたい。

文政十一年に土御門家から許状を得て陰陽師となった谷川左近の後継者も代々陰陽師を継いでいた。嘉永五年閏二月、土御門殿御神忌御用掛から「翌年三月晴明御霊社御神忌」への参勤の指示が到来した（資料番号５１）。谷川左近は京都での祭祀に奉仕し、その場で名田庄旧跡についても話題に上ったとされる。その経緯は次のような次第であった（資料番号７４）。

嘉永六年三月八日〜二十八日迄の二十一日間、左近は京都の祈祷所にて執行された「晴明御霊社八百五十年神忌」に勤役として奉仕した。御神忌の後、土御門晴雄に直に召出され、名田庄御旧跡の状況を問われた。そして現地調査のため、同年四月十五日に用人代として三上大炊（在道）と家来二人が名田庄に出役し、二・三日滞留した。彼らは古跡・天社宮・御墓所等を見分した。その際村役人が十四人同席し「賑々しき」酒宴を行った。右両所共に土御門家が造営することとなり、その後村中で相談し、造営にかかった。

この時、土御門家から泰山府君神前に、白銀一枚他七品が下賜された。また、金五十疋と扇子二本（御墓所・玉泉坊と御位牌所　禅定寺）、「晴明御霊社御守」なども谷川新左衛門・下村西氏市右衛門他に渡された。

嘉永七年正月には完工への準備が始まっていた。名田庄旧跡には土御門家当主の代わりに家司の三上大炊が訪れ、社参を行う予定であった。しかしこの可否については左近・庄屋から小浜藩に伺いをたてる必要があった（資料番号５７）。翌安政二年（一八五五）八月に泰山府君社再興が成就、土御門家からは家司・神官の三上大炊が来村、但し当初九月九日を予定していた日程は、内裏造営祈祷という土御門家側の都合で八月に変更されることになった。

三上は八月十四日に遠敷表を訪れ十七日に名田庄へ入村、十八日には三上が神官として遷宮式を催行した。この時の祭文・棟札が残っている。なお、この時随身像と駒犬は三上が京都で発注し、誂えていた。名田庄からは予め飛脚人足の使を三上宅に遣わし、運び入れていた。随神・駒犬の発注先は京都・奈良のほか大分・福岡の仏像製作・修復にも事績を残す京都醒ヶ井五条上ル町の川本右京康直という仏師であった。

泰山府君祭再興事業はこれで終わらなかった。安政四年四月十二日には棟上が行われ、小浜の若者中による芝居興行もあった。天保期飢饉の影響を受けた地域を復興するという側面も有ったと思われる。この総費用は五貫六百八十六匁六分三厘（銀建）、村運を賭けた一大事業であった。

## おわりに

冒頭で述べたように、戦国期、京都から公家が移り住んだ例は多く、現在、かれらが伝えた文化の痕跡を歴史遺産として活用しようとする自治体もある。「大内文化まちづくり」を掲げる山口市や、日根野荘を日本遺産とする泉佐野市などの動きが目立つ。しかし、名田庄土御門旧跡のように、伝承と史料そして墓地が残り、かつ地域住民が江戸時代を通じて自覚的に保存に働きかけた例は稀なのではないか。江戸時代は由緒意識に基づく地域の歴史像が形づくられた時代であるが、そのなかで公家の旧領であったことが祭祀の再興につながったという点で、注目すべき存在だと言えよう。土御門家の存在が地域の民俗・宗教文化に与えた影響についても注目される。

なお、村人の努力によって再興された泰山府君社であったが、大正期には加茂社に合祀された。昭和十八年「納田終ニ於ル土御門家旧跡現状説明書」（若杉家文書一〇五七）には「泰山府君は種々の事情もあり加へて政府の合祀奨励に動かされて此の由緒ある御社を何の考慮も無く弐拾数年前加茂神社に合祀したることは返す〻も遺憾なり」と痛恨の言が残る。この「説明書」の筆者は、当時陰陽道再興を目指していた藤田義男氏（のち天社土御門神道本庁庁長）であった。

**関連文献**


『わかさ名田庄村誌』名田庄村　一九七一年
『福井県史　通史編2』福井県編　一九九四年
斎藤英喜『安倍晴明』ミネルヴァ書房　二〇〇四年
菅原正子「陰陽道土御門家旧蔵の中世文書―中世の土御門家領について」―『古文書研究』七二号、二〇一一年
木村純子「陰陽道祭」『室町時代の陰陽道と寺院社会』勉誠出版　二〇一二年
高田義人「泰山府君都状の古文書学的考察―鎌倉初期までの残存例を中心に―」『古文書　研究』八五号　二〇一八年
名和敏光編『東アジア思想・文化の基層構造―術数と『天地瑞祥志』』汲古書院　二〇一九年
梅田千尋「近世における晴明像の変容」『新陰陽道叢書　第五巻　特論』名著出版　二〇二一年

おおい町教育委員会　文化財調査報告書　二〇二二年度

『加茂神社宮司谷川左近家文書』
土御門家陰陽道の歴史～名田庄・納田終の地にて～

発行日　令和五年三月二十五日
発　行　おおい町教育委員会
〒九一九－二一一一　福井県大飯郡おおい町本郷一三六－一－一
電話　〇七七〇　七七－一一五〇
編　集　若狭路文化研究所　多仁照廣
〒九一九－一二〇三　福井県三方郡美浜町菅浜七〇－八－二
制作協力　山本編集室
〒九一八－八〇一二　福井県福井市花堂東一丁目四－一五
電話　〇七七六－三四－七一七八

発売元　有限会社　岩田書院
〒一五七－〇〇六二　東京都世田谷区南烏山四－二五－六－一〇三
電話　〇三－三三二六－三七五七　ＦＡＸ　〇三－三三二六－六七八八
http://www.Iwata.Shoin.co.jp